戦後経済史は嘘ばかり

日本の未来を読み解く正しい視点

高橋洋一
Takahashi Yoichi

PHP新書

戦後経済史は嘘ばかり

目次

プロローグ　経済の歩みを正しく知らねば、未来は見通せない

第1章　「奇跡の成長」の出発点に見るウソの数々

第2章 高度経済成長はなぜ実現したのか？

第3章

奇跡の終焉と「狂乱物価」の正体

第4章 プラザ合意は、日本を貶める罠だったのか？

第5章　「バブル経済」を引き起こした主犯は誰だ？

第6章　不純な「日銀法改正」と、痛恨の「失われた二十年」

終章 TPPも雇用法制も、世間でいわれていることはウソだらけ

プロローグ——経済の歩みを正しく知らねば、未来は見通せない

「ウソの経済常識」を信じ込んでいませんか？

日本は第二次世界大戦で敗戦したあとの厳しい状況から雄々《おお》しく立ち上がり、世界から「奇跡」と称された高度経済成長を成し遂げて、現在の経済大国の地位を築き上げました。

一方、平成に入るとバブルの崩壊から「失われた二十年」といわれるほどのデフレ不況に落ち込んでしまいました。

なぜ日本は高度成長に成功したのでしょうか。そして、どうして「失われた二十年」という失敗をしてしまったのでしょうか。

当たり前のことですが、実は、その要因をきちんと理解していなければ、これから先の経済を見通すことも、正しい道を選ぶこともできません。

しかし、現在の日本では、そのような戦後から平成に至る経済の歩みについての「間違った経済常識」や「単なる思い込み」が、驚くほど広範に流布しています。

みなさんは、次のようなことを信じていないでしょうか。

（1）高度成長は通産省の指導のおかげ
（2）1ドル＝360円時代は為替に介入していない
（3）狂乱物価の原因は石油ショックだった
（4）「プラザ合意」以降、アメリカの圧力で政府が円高誘導するようになった
（5）バブル期はものすごいインフレ状態だった

これらはいずれも間違いです。詳細については、本文で述べたいと思いますが、ここでは簡単に触れておきます。

（1）高度成長は通産省の指導のおかげ　→　×

日本の戦後の高度経済成長は、通商産業省（通産省→現在の経済産業省〈経産省〉）が適切な産業政策を行ったからだ、と信じている人が多くいます。「通産省が日本株式会社の司令塔だ」という声もありますし、城山三郎の小説『官僚たちの夏』は、そんな英雄的な官僚像を高らかにうたいあげました。

しかし、これはあくまで「伝説」にすぎません。実際には、産業政策が効果を上げたことなどほとんどなく、通産省の業界指導は役に立たなかったのです。むしろ、通産省に逆らって四輪車に参入した本田技研工業のような企業が戦後日本の発展を支えてきました。ホンダも含めて、戦後の日本産業を引っ張ったとされるトヨタ、パナソニック（松下電器産業）、ソニーなどが通産省の指導で伸びたと思っている人は、いないのではないでしょうか。

高度成長を支えたのは主に為替要因です。1ドル＝360円の圧倒的に有利な為替レートが輸出産業と高度成長を支えました。（詳しくは70ページ）

（2）1ドル＝360円時代は為替に介入していない　↓　×

現在、為替は変動相場制になっていますが、昔は1ドル＝360円の固定相場制でした。

誤解している人が多いのですが、固定相場制とは、放っておいても為替レートが維持される制度ではありません。どんなに世界中が「1ドル＝360円」だと認めていて、日本政府が「その相場で固定する」と宣言したところで、自動的に為替が「1ドル＝360円」になるわけではないのです。

では、どうしていたか。

実は、1ドルが360円から前後しそうになったときには、日本政府が猛烈に為替介入をしていたのです。決められた為替レートを維持するために介入し続けるのが固定相場制です。多くの場合、円高に振れないようにドル買い介入が行われました。

そして、そのために円を刷る必要があり、その結果として、日本国内はインフレ基調になっていたのです。（詳しくは94ページ）

(3) 狂乱物価の原因は石油ショックだった ↓ ✕

「狂乱物価」とは、一九七三年から二〜三年にわたって、物価が2ケタの上昇率で高騰したことをいいます。一九七四年には消費者物価指数が前年比23・2％も上昇しました。20％の物価上昇といえば、前年には１０００円だったものが、たった1年で１２００円になることを意味します。これは大変なことで、同年の実質国内総生産（ＧＤＰ）成長率は、戦後初めてマイナスとなりました。それまで猛烈な勢いで続いてきた高度経済成長は、ここに終わりを迎えることとなったのです。

なぜ、このような「狂乱物価」が起きたのか。一九七三年十月に起きた石油ショックと結びつけて考える人が、かなりいらっしゃるようですが、これは理由の1つにすぎません。

実は、その前からすでに物価は急上昇していたのです。ちょうど固定相場制から変動相場制に移り変わる時期で、為替維持のためにマネーが大量に市中に供給されていたため、物価が上がったことが主因でした。石油ショックはそれを強めてしまっただけにすぎません。狂乱物価は、主として貨幣現象によって起こったものです。（詳しくは１０２ページ）

(4)「プラザ合意」以降、アメリカの圧力で政府が円高誘導するようになった　↓　×

一九八五年の「プラザ合意」で、日本は「円高を呑まされた」と信じている人も、よく見かけます。この時期、アメリカはレーガン大統領の下、「レーガノミクス」と呼ばれる経済政策を打っていましたが、対日貿易赤字があまりにも大きかったため、国際的に圧力をかけて円高・ドル安に「誘導した」というのです。

「円高になった」というのは、事実としてその通りです。しかし、「誘導した」というのは、実は間違いです。一九七三年二月から制度上は変動相場制になりましたが、その裏で大蔵省（現財務省）は「ダーティ・フロート」と呼ばれる為替介入を続けていました。プラザ合意までは裏の介入で円安誘導されていた状態だったのです。

プラザ合意以降、そうした介入をやめて、為替レートを市場に任せるようになりました。「本当の変動相場制」にしたのです。プラザ合意以降に円高誘導したのではなく、それまでこっそりやっていた「円安誘導するための裏の介入をやめた」だけです。市場に委ねる形となり、均衡レートまで円高が進んでいきました。（詳しくは70ページ）

(5) バブル期はものすごいインフレ状態だった → ×

「バブル期はどんどん物価が上がった。すごいインフレ状態だった」というイメージを持っている人も多いことでしょう。たしかに、バブル世代の人々が、なぜか自慢げに語る当時の武勇伝（「こんなに金を使えた」「接待に次ぐ接待で大変だった」「予算は青天井」などなど）を聞くと、その話は、あたかも真実であるかのように響きます。

しかし、そんなイメージとはかなり違うかもしれませんが、バブル期とされる一九八七〜一九九〇年の一般物価の物価上昇率は、実は、０・１〜３・１％です。ごく健全な物価上昇率であって、「ものすごいインフレ状態」とは、とてもいえない数字です。バブル期に異様に高騰していたのは、株式と土地などの資産価格だけだったのです。

「一般物価」と「資産価格」を切り離して考える必要があります。バブル期の実態は「資産バブル」でした。（詳しくは１４３ページ）

冒頭で述べたように、過去の事象について間違った認識を持っていると、それに影響されて、現在の状況を正しく見ることができなくなります。ビジネスをされている方は、経済情勢について正しく状況判断できないと、方向性や意思決定を間違えることがあります。正しい認識を持っておくことはとても大切です。

とりわけ日本では、そのことは十分すぎるほど十分に気をつけて、自分自身で知的武装をしておかねばなりません。なぜなら、この国では不思議なことに、間違ったことを主張したり、当たらない予測を繰り返しているエコノミストや経済学者が、いつまでも淘汰されずに主張を繰り返していく傾向があるからです。

出版社やメディアの人たちに聞くと、「いやあ、あの先生の本は売れますから」「人気があって、視聴率がとれますから」などというのですが、どう考えても間違っている主張が、売れるからという理由だけでどんどん流布されるのは、見ていて不思議な気がします。データで検証すれば、間違えているかいないかは一発でわかるのですが、そんな「社会的な査定」はほとんど行われていないようです。

となると、たとえ経済理論から見てトンチンカンな、いいっぱなしの議論でも、経済学にあまり通じていない人は、うっかりダマされてしまいかねません。経済分析や経済予測というのは、何らかの前提を置いて、そこから論証していくスタイルをとることが多いので、その論理だけを読み進めていると、一見、正しそうに見えてしまうからです。しかも、「根拠のない自信」であっても、「間違いなく、こうなる！」と言い切られると、「ああ、そんなものですか」と信じてしまう人もいるようです。

とはいっても、経済学を今からマスターするのは大変だ、という方も多いかもしれません。であるならば、せめて、正しい「経済の歴史」は知っておくべきなのです。「どうして経済が、こういうふうに動いてきたのか」ということを正しく押さえていれば、今の経済の動きを見ていても、少なくとも「どこか変だ」とか「このエコノミストの発言は、どうもウソではないか」と気づくことができるようになるからです。

しかしながら、日本ではこの点でも、決して恵まれた環境ではありません。というのも、冒頭から見てきたように、あまりにもズレた常識——言葉を選ばずにいえば「間違いだらけの常識」——が広く流布しているからです。

たとえば、「通産省のおかげで高度成長が実現した」と信じていたら、「不況になったら、政府が成長戦略で何とかできるのでは」と、何の疑いもなく考えてしまうでしょう。「アメリカに円高を誘導された」と思っていたら、「またアメリカの悪だくみで、日本が大損するに違いない」と簡単に信じ込むはずです。「バブル期は猛烈なインフレだった」と認識していたら、「やっぱり、あのときに金融引き締めを行った日本銀行（日銀）は、正しかった」と拍手喝采を送りかねません。

それが事実ならばいいですが、間違えているとしたら、これほどバカらしい悲劇はありません。ところが、あまりにも「間違った常識」が流布している日本では、そんな「バカらしい悲劇」が随所で繰り返されているのです。

「間違った経済常識」が生んだ「失われた二十年」

しかも、もっとひどいことには、一般の人々だけでなく、政策担当者レベルの人まで間違った常識に縛られていることが、日本ではけっこうあるのです。政策担当者が「間違った経済常識」を持っている場合には、国民全体がデメリットを受けてしまいます。それが実際に起こってしまったのが、「バブルについての認識の誤り」と、その後の「失われた二十年」です。

前述したように、バブル期の物価を見ると、実は、インフレ率は健全な範囲内に収まっていました。バブル期はものすごいインフレ状態だったと思っている人が多いのですが、それは誤った認識です。バブル期に異様に高騰していたのは、株価と土地価格だけです。バブル期は、「資産バブル」の状態にあったのであり、一般物価は健全な状態だったのです。

ところが、日銀はバブルの状況分析、原因分析を正しくできず、政策金利（当時は公定歩合）を引き上げて金融引き締めをしてしまいました。第5章で説明するように、資産バブルを生んでいた原因は、金融面ではなく、法の不備をついた「営業特金」や「土地転がし」などによる株や土地などの資産の回転率の高さだったのですが、日銀は原因分析を間違えて、利上げという策をとりました。

回転率の高さによって起こった「資産バブル」に対しては、利上げは効果を持ちません。日銀の利上げは資産バブルの対策としては役に立ちませんでした。

一方で、このトンチンカンな利上げによって叩き潰されたのが、健全な一般物価でした。以降、日本は深刻なデフレが進み、「失われた二十年」を経験することになったのです。

私はアメリカ留学中に、のちにＦＲＢ（連邦準備制度理事会）議長を務めたベン・バーナンキ氏（当時プリンストン大学教授）の教えを受けました。彼によれば、「資産価格と一般物価を分けて考えるべき」で、「資産価格が一般物価に影響しそうな場合を除いて、一般物価が上昇していなければ、資産価格が上昇していても金融引き締めをするのはセオリーに反している」とのことでした。しかし、日銀はセオリーに反してバブル退治のために金融引き締めをしてしまいました。

この件に関しては、日銀だけを責めるわけにはいきません。マスコミは公定歩合を引き上げた当時の三重野康日銀総裁のことを、バブルを退治した「平成の鬼平」と呼んで、さかんに持ち上げました。マスコミも含めて多くの人が「バブルだから物価が上がっている。だから日銀が金融を引き締めたのは正しいことだ」という思い込みを持っていたのです。

しかも、この間違った認識はその後もずっと修正されることはなく、日銀は現状維持の金融引き締めを続けて長期のデフレを生んでしまいました。

なぜ日本は「失われた二十年」を経験することになったのか。それを理解するには、バブル期についての誤解を解く必要があります。長期不況のつまずきの始まりは、バブルについての認識の間違いです。間違った経済常識は、悲劇的な結果をもたらすのです。このことは、決して忘れてはいけません。

なぜ「予測」が当たるのか？

私はいろいろな人から「今の状況についてどう見ているか話を聞きたい」と声をかけていただきます。そのときに必ずいわれることは「髙橋さんは予測が当たるから」ということです。もちろん、私の予測がすべて当たるわけではありません。外れることもあります。しかし、打率は良いほうだと自分でも思っています。

なぜ当たるのかというと、恣意的な見方をせずに、原則に基づいて数値で分析しているからです。過去のデータから数学的なモデルをつくって、それに当てはめているので、当たりやすいのです。外れた場合には、自分のモデルや係数が間違っていたと考えて、モデル式を修正します。そうして少しずつ修正していくので、打率が高くなっているのでしょう。

私は経済の専門家のように思われていますが、本当は経済の専門家というよりも、「データ分析」の専門家です。私はもともと数学科出身の理系人間です。大蔵省の官僚をしていたことから経済の専門家と思われていますが、経済以外の様々な事象を「データ分析」の対象としています。

安全保障法制整備のときには、戦争のリスクについてデータ分析をして発表したところ、「こんなデータは初めて見た」とよくいわれました。

古代から幾多の戦争が行われてきているため、戦争のデータそのものは多数存在していて、インターネット上でも公表されています。そうした既存のデータをもとに戦争の確率を分析したのです。1つか2つのデータしかないと分析できませんが、戦争は繰り返し起こっていてデータが豊富なので定量分析が可能です。

「安保法制整備で戦争リスクが減る」という定量分析を語った人間は私しかいなかったようで、かなり驚かれました。

実は私は、韓国でMERS（中東呼吸器症候群）が流行したときに、かなり初期の段階でMERSの累積感染者数と累積死亡者数の予測値を出しています。私の予測では累積感染者数は185人でしたが、結果は186人でした。累積死亡者数は私の予測では32人で、実際には36人でした。

この予測に驚いた韓国の関係会社から依頼がたくさん来ました。私は医者ではありませんが、「ぜひアドバイスをしてほしい」との要請を受けて、終息予測を伝えました。ビジネスをしている人にとっては、先の予測はとても重要です。韓国国民は「どんどん拡大するのではないか」とパニック状態のようになっていましたが、私の予測をもとに対応した人たちは、終息を見越した準備をしていました。

しかし、私は何も特別なことをしたわけではありません。疫学《えきがく》の伝播《でんぱ》モデルというものがあり、それにデータを当てはめて予測しただけです。

経済でも医療でも軍事でも、モデル化してデータ処理をすれば予測が可能です。統計手法はどれも同じで、分析の対象を変えるだけです。客観的に分析しているために当たりやすいのです。

経済学者の中には、自分の理論にこだわって、現実が理論と違っていたときに、理論を修正せずに、「現実のほうが間違っている」と考える人が少なくありません。「これは、例外的なことだ」とか「特殊要因があったからだ」といった理屈で、自分の理論を守り抜こうとします。それでは現実との乖離《かいり》がどんどん大きくなって、当たる確率は減っていきます。

本書で私がお伝えしたいのは、過去の経済事象について「データから見ると、実はこうでしたよ」ということです。

経済常識とされている過去の事象を、データ分析も含めて客観的に見つめ直してみると、新たな視点で捉えることができます。歴史や経済事象をデータから見る習慣を身につけていくと、予測の打率が良くなります。

ビジネスをされている方にとっては「予測」や「読み」がとても大事であるはずです。「予測」が間違っていると、ビジネスを成功させることができなくなるからです。

であるならば、ぜひ、データに基づく正しい見方を、自らのものにしていただきたいと思います。

状況分析は「べきだ」ではなく「はずだ」の視点で行う

文系の人の中には、状況を分析するときに「べきだ」という発想を持ち込む人がたくさんいます。「べきだ」というのは、その人の価値判断が入っていますので、状況を正しく認識できなくなります。

理系の人は、状況を分析するときには「はずだ」という論理を用います。まず、「理論に基づくとこうなるはずだ」と見て、検証、分析し、理論が当てはまらない場合には、さらに分析して理論を修正したりします。

「べきだ」と見ている人は、自分の理論と現実が違っているときに、現実のほうを否定して自分の理論を守ろうとする傾向があります。先ほど挙げた経済学者の例は、まさにこれでしょう。そうするとファクトを正しく見られなくなっていきます。歴史を振り返るときも、「べきだ」で歴史を見ていくと、歴史のファクトを見誤ります。

もちろん、意見を述べるときに「べきだ」というのはかまいません。私も政策提言をするときには「べきだ」を使います。しかし、ファクトを分析するときに「べきだ」を持ち込んでしまうと、真相が見えなくなります。

戦後の経済の歴史を振り返るときに、「べきだ」から「はずだ」という視点に変えてみると、きっと、〝物事の核心〟がくっきりと見えてくることでしょう。

これから、戦後から平成までの日本経済の歩みについて、「間違いだらけの常識」をデータ分析に基づいて排し、正しく見ると本当はどうだったのか、わかりやすく解き明かしていきたいと思います。

第1章

「奇跡の成長」の出発点に見るウソの数々

どうして日本は敗戦直後の廃墟から立ち上がれたのか

よく、「日本は敗戦直後の廃墟から雄々しく立ち上がって、奇跡の高度成長を果たした」といわれます。それは事実としてまったく間違っていません。

敗戦直後の日本が、どのような状況にあったかを知れば、それはよくわかります。一九四六年の鉱工業生産は、戦前水準（一九三四〜一九三六年平均）の約30％、農業生産は同じく約60％に落ち込んでいました。国富の被害率で見ると、工業用機械器具は34％強、船舶は80％強が失われるという状況です。敗戦直後のGHQ（連合国軍最高司令官総司令部）による物資輸入統制もあって、資材ストックはどんどん減り、需要に対して生産は追いつかず、「悪性インフレ」と呼ばれるような状況に陥っていきます。

問題は、この窮状から日本が立ち上がった要因の大きなものは何だったのか、です。

一般的には、GHQが農地改革、財閥解体と集中排除、労働民主化などの「経済の民主化」を行ったことが成長の基盤になったと考えられています。

さらに、悪性インフレの最大の要因である「生産の絶対的不足」に手を打つために「傾斜生産方式」がとられたことも効果的だった、という人も多くいます。

空襲後の東京・両国。日本の各都市は焼け野原になったが、実は被害を免れた工場もかなりあった

傾斜生産方式とは、「GHQによって輸入が解禁された石油を鉄鋼生産に傾斜配分し、その結果、増産された鋼材を炭坑へ傾斜配分し、もって増産された石炭を鉄鋼へ傾斜配分し、鉄鋼をさらに増産させていこう」という考え方です。このために、復興金融債（復金債）を発行し、その資金を重点的に石炭鉱業に融資する手立てがとられました。この復金債の大半は日本銀行（日銀）が買い取っています（日銀引き受け）。そして、このような傾斜生産方式を推し進めたのが、一九四六年八月に設立された「経済安定本部（安本）」でした。

社会の教科書などでは、これが功を奏して一九四七年度、一九四八年度は鉱工業生産も急速に回復したけれども、復金債の発行などがインフレ体質を強め、政府の補助金や海外からの援助に頼り切った脆弱《ぜいじゃく》な経済体質になってしまった、とされています。

そこで、トルーマン大統領の求めに応じて、デトロイト銀行頭取のジョセフ・ドッジが来日します。「日本の経済は両足を地につけておらず、竹馬に乗っているようなものだ。竹馬の片足は米国の援助、他方は国内的な補助金の機構である。竹馬の足をあまり高くしすぎると転んで首を折る危険がある」と述べたドッジの提言に基づき、「超緊縮予算、復金債の停止、自由競争の促進」などの「ドッジ・ライン」と呼ばれる経済安定策が推進されることになります。

これによって物価は安定に向かったものの、国民の消費は抑制され、産業界への資金供給も細ってきたために「安定恐慌」と呼ばれる様相を呈し始めますが、そこで朝鮮戦争が勃発して、日本経済は息を吹き返す――というのが、一般的な「常識」となっている終戦直後の経済史の流れでしょう。

教科書にも出てくる「傾斜生産方式」はまるで効果がなかった

この戦後経済の常識は、どれほど正しいのでしょうか。

まず、正しておくべき最も大きな誤解は、「政府が戦後の産業発展を主導してきた」という見方です。その代表例が、終戦直後の「傾斜生産方式」です。

先ほど、「傾斜生産方式」を主導したのは経済安定本部（安本）だと書きました。第一次吉田政権（一九四六年五月〜一九四七年五月）時に設立された「安本」は、「泣く子も黙る安本」といわれたスーパー経済官庁でした。のちに経済企画庁（経企庁）になっていきますが、このころの安本は、物価、賃金、物流、貿易などあらゆる経済活動を統制していました。そして、一九四七年から傾斜生産方式を採用しています。

「傾斜生産方式」のねらいは、先ほど説明したように、資材と資金を石炭・鉄鋼などの重要産業部門に集中的に投入して、石炭と鉄鋼の生産を相互循環的に上昇させようというものでした。しかし実は、現在、まともなエコノミストの中で、傾斜生産方式で戦後の経済が良くなったと考えている人は、まず、いません。傾斜生産方式が一定の役割を果たしたことは確かですが、それは「アメリカからうまく援助を引き出すことができた」という点だと評価されているのです。

経済安定本部の流れを受けている経済企画庁出身のエコノミストたちが、過去のデータを分析していくつも論文を書いています。事実を知るには、それらの分析が参考になると思います。

経企庁出身で政策研究大学院大学教授などを務めた大来洋一《おおきたよういち》氏らは『傾斜生産方式は成功だったのか』（二〇〇六年十一月）という論文を書いています。

この論文の中でデータ分析が行われていますが、結論としては、「一九四七年の遅い時期からの生産の回復は傾斜生産方式の成功を示すものではなく、占領軍、アメリカの援助が効果的であったことを示すものである」としています。そのうえで「日本政府が傾斜生産方式を打ち出したのはそれが生産回復の決め手となると考えたからよりも、これによって占領軍からの原材料の援助を引き出すことができると考えたからであり、その意味では見事に成功していた」としているのです。

この視点は大来氏のみのものでなく、大半のエコノミストが同意しています。

大来氏の論文の中では、同じく経企庁出身で日本経済研究センター会長を務めた香西泰《こうさいゆたか》氏の論文が引用されています。香西氏は「占領軍が日本経済の危機を認め、重油、原料炭、鉄鉱石等の基礎材料の輸入・放出に踏みきったことによるところが大きい」「この意味では傾斜生産の貢献をそれほど高く評価すべきではないかもしれない」としています。

当時の政府の担当者たちも「物資を引き出すためのものだった」と認めています。アメリカから物資を引き出すための説得材料として「傾斜生産方式」というものを持ち出したのです。

大来氏のデータ分析でも明らかになっていますが、鉄鋼や石炭の生産拡大と最も連動が強かったのは、「鉄鉱石の輸入数量」でした。要するに、アメリカが鉄鉱石を回してくれると生産が回復し、鉄鉱石を回してくれないと生産が伸びない状態でした。原材料がなければ、日本政府も産業界も何もできなかったのです。

一九四七年の遅い時期から生産が回復したのは、一九四七年六月にアメリカからの重油の緊急輸入が実現したからです。それまでは生産が伸び悩んでいましたが、重油が入ってきてからは急速に生産が拡大していきました。

終戦当初は、アメリカからの資金はガリオア資金（占領地域救済政府資金）だけであり、主に輸入していたのは食糧です。その後、エロア資金（占領地域経済復興資金）によって産業のための原材料輸入ができるようになりました。一九四八年八月からのエロア資金による原材料輸入の援助が日本経済を復興させました。

つまり、「一九四七年の重油の緊急輸入」と「一九四八年からの原材料輸入」によって生産が拡大したわけです。

ちょうど、この時期が傾斜生産方式の計画実施の時期と一致していて、一九四八年に計画がほぼ達成されたため、いかにも傾斜生産方式の成果のように見られていますが、実際にはアメリカによる援助が最大の要因でした。

要は、傾斜生産方式はアメリカからの援助を引き出したという点で、ポリティカルな意味では成功でしたが、エコノミックな意味ではほとんど効果のないものだったのです。

実は、戦災に遭っても日本の工場はかなり生き残っていた

戦争中に日本の国土は米軍の爆撃で焼け野原にされました。しかし、不幸中の幸いというべきか、基礎的な生産手段は爆撃によってあまり破壊されませんでした。この点については前出の大来氏の論文でも触れられています。徹底的に爆撃されたように見えたわりには、意外なことに工場の生産設備はかなり残っていたのです。

本章の冒頭で、戦争による国富の被害率で、工業用機械器具は34％強が失われたことを紹介しましたが、主に破壊されたのは大規模な軍需工場でした。

戦時中に軍事物資をつくっていた工場を2つに分けて考えるとわかりやすくなります。1つは、軍直轄の軍需工場や重工業の大企業など、もともと軍用品をつくっていた工場。もう

1つは、戦前は生活用品をつくっていた民間工場です。

戦時体制に入ってから、軍部の指示で生産ラインを変更して、民生品から軍用品の生産に切り替えた民間工場がたくさんありました。

たとえば、電化製品をつくっていた松下電器産業（現パナソニック）も、軍部の要請で木造船や飛行機などをつくっています。まず松下電器産業は、一九四三年四月に松下造船という会社を設立し、流れ作業の工程で250トン型の木造船を建造します（最終的に56隻を建造）。この流れ作業方式に注目した軍は、今度は木製の飛行機をつくるように要請。やむなくこれに応えて松下飛行機を設立しましたが、終戦までにつくれた飛行機は4機だったといいます。

これはほんの一例で、戦争のために多くの民生用の工場が軍用品の生産を余儀なくされていたのです。

米軍は、軍需工場の所在地を調べ上げて徹底的に破壊しました。ですが、転用された民生用工場の中には、爆撃を免れたケースもたくさんありました。

それらの生き残った工場を元の民生用の工場に戻せば、生活用品の供給は増えていきます。軍用品の需要はもうありませんので、工場の経営者たちは生きていくために急いで民生用の工場に戻そうとします。放っておいても市場原理で民生品の生産へと転換されていきます。少し時間はかかりますが、いずれ工場が完全に転換されれば、生活用品の供給量が増えていきます。

問題は原材料です。工場を民間転換しても、原材料がなければ製品をつくることができません。政府のすべきことは原材料の確保です。米軍と交渉して、原材料を入手して市場に流してやれば、あとは民間の力で勝手に経済は回っていきます。

そういう意味では、「傾斜生産方式」を打ち出してアメリカを説得し、アメリカから物資の輸入を実現させたのは、政府の功績といえます。つまり、「政府の傾斜配分の成果で産業が発展した」という認識は間違いで、「政府の対米交渉で物資の輸入に成功したので、日本の産業全体が発展した」のです。

“復金債”のお金のばらまきは「悪性インフレ」の主因ではない

戦後の復興に必要だったのは、原材料の輸入と、もう1つは資金の供給です。世の中にお金が出回れば、企業は民間転換や設備投資を進めやすくなります。

先述のように、政府は復興金融金庫をつくり復興金融債（復金債）を発行しました。日銀引き受けで大量の資金を市場に投入しています。資金は傾斜生産方式の計画に沿って、石炭・鉄鋼業界などに集中的に投入されたとされています。

しかし、今、見てきたように、「傾斜生産方式」そのものが生産拡大に大きな効果を発揮したわけではありません。特定業界への融資自体にはあまり意味はありませんでした。意味があったのは、「お金をばらまいた」ことでした。政府が個別の産業をターゲットにしてお金をばらまいてもほとんど効果はありませんが、市場全体にお金を供給することは経済を活性化させます。

お金が出回れば多くの人が商売をしたくなります。物不足で、つくればすぐに売れる時代ですから、企業はどんどん設備投資をしようとします。

そういう意味では、日銀が復金債を買い取ってお金を市場に供給したのは悪い政策ではなかったと思います。

ところが、日本には「金融政策で広くお金をばらまく」ことは悪いことだと考えたい人たちが、たくさんいます。傾斜生産方式がとられたあとの時期にインフレが進んだことを、この「復金債」だけのせいにする人も、決して少なくありません。

実際のところ、戦後に「悪性インフレ」と呼ばれるインフレーションが起こった最大の要因は、金余りではなく供給不足でした。どの国でも戦争に負けたあとの経済は、必ずインフレ状態になります。工場を破壊されて生産ができませんので、需要に対して供給が追いつかず、物価が上昇するからです。日本は、設備は「壊滅していなかった」とはいえ、物資が途絶えていたこともあって生産がうまく回らず、供給不足に陥ってしまっていたのです。

戦後のインフレを脱するための方法はシンプルです。工場を復活させればいいのです。生産手段が復活して供給量が増えれば、物価は落ち着いていきます。

金をばらまくことによってインフレを促進するリスクはたしかにありますが、その金で設備が増えていきますので、供給が需要に追いついていない状況である場合、少し我慢していれば生産設備が整って供給が増え、インフレは自然に収まっていきます。

政府金融が呼び水となる「カウベル効果」が起こった実例はない

復興金融金庫のような「政策金融」が、特定の産業の振興や経済発展のためには不可欠だった、と主張する人もいます。しかし、今、述べたように、「お金をばらまいた」ことは効果があったものの、特定の産業を伸ばし、成功させるという政策金融の本来の目的に関しては、戦後の復興金融金庫は実際には、それほど役に立ちませんでした。

政策金融の必要性の根拠として用いられる理論は「カウベル効果」です。「カウベル」は牛がつけているベルのことで、ベルをチャランチャランと鳴らすことが呼び水になる、という考え方です。民間金融がどこに貸し付けていいかわからないときに、政策金融がターゲット分野を決めて貸し付けをすると、民間金融の融資を誘発するというロジックです。

しかし、政府よりも民間金融機関のほうが「目利き能力がある」というのが定説です。政府が「この分野が伸びる」とわかっているのであれば、民間はとっくにわかっているはずです。貸せば儲かるわけですから、民間金融が政府に後れをとることはまずありません。

復興金融金庫は一九五二年に日本開発銀行に吸収され、その後、日本政策投資銀行へと変わっていきますが、いずれの銀行も大した効果を上げていないのが実状です。

日本開発銀行は、大企業が設備投資をするときに、民間より少し低い金利で融資することがありました。企業側としては、金利が安いので融資を受けてもいいという気になります。これは税金を使って、民間金融の商売を奪っているのと同じですから、民間金融にとっては迷惑なことでした。

政策金融のうち日本輸出入銀行だけは、一定の役割を果たしていました。日本の民間金融機関は、東京銀行を除いて海外支店が少なかったため、海外での融資は不十分でした。政府系の日本輸出入銀行は相手国の政府とも近い関係にありますので、相手国の情報が入ります。そのため、海外進出しようとする企業にとって日本輸出入銀行が、ある程度は役に立つ存在だったのです。

しかし、その後、民間金融機関が海外支店をたくさん設立しましたので、政府系金融機関の役割はほとんどなくなっています。

結局、政府が先に融資をして民間の融資を誘発するというカウベル効果は、現実には起こりませんでした。効果があるのなら実例が挙げられるはずですが、カウベルの実例は示されていません。

ときどき、造船業界がカウベルの例として挙げられますが、造船業界が伸びていく時期には、民間が貸し出しをしていましたから、政府が貸し出す必要はありませんでした。その造船業界も最終的には衰退していきました。

「政策金融が産業を育てた」というのは、大きな誤解の1つです。私は小泉政権（二〇〇一年四月〜二〇〇六年九月）のときに政策金融を廃止する仕事を手伝いましたが、そのときに、復興金融金庫以来の政策金融が日本の産業育成にほとんど効果を上げてこなかった、という事実を再確認しました。

政府の「成長戦略」に期待するのも、間違った認識から

政府の産業政策や、政府金融の重要性を強調したい人たちにとっては、戦後から高度成長期にかけての時代は、まさに伝説的で英雄的な時代であるべき期間です。現在も、永田町や霞が関では「成長戦略」という言葉がさかんに使われ、政府が主導して産業を育てるべきという意見が数多く出されますが、こういう意見を持っている人は、おそらく「戦後、通産省が導いた経済成長の夢を再び」と考えているのでしょう。

たしかに、政府が主導して産業が育つケースもあります。産業政策が間違いなく効くのは、産業のゆりかご期から幼少期です。

明治初期の日本の産業は、ヨチヨチ歩きの状態でしたから、政府が主導して産業を育てていきました。また、よく、満洲国での急速な産業発展が、戦後の経済政策のモデルになったなどともいわれますが、それは、当時の満洲国が未開の荒野だったから可能なことでした。発展途上国でも、「開発独裁」と呼ばれるような上からの産業政策が効果を発揮する段階が、間違いなくあります。

日本の場合、明治の中期以降は、官営事業の払い下げなども行われて、徐々に民間中心に

移っていきました。大正時代、昭和初期を経て、第二次世界大戦前には日本にはかなりの産業が育っていました。少なくともヨチヨチ歩きの状態はとっくに脱していました。

それどころか、戦前の日本の産業界は、今のアメリカに匹敵するくらいのむき出しの「資本主義」であり、民間企業が非常に大きな力を持っていました。当時の財閥をイメージしてもらえば、よくわかるはずです。

しかし、その後、第二次世界大戦という総力戦を戦うための戦時体制に入って、民間主導の産業が変質していきました。政府主導による軍事転換が行われ、民生品をつくっていた工場の多くも軍用品をつくるようになりました。政府が主導する統制経済は、戦時中の特別な体制です。

日本は戦前からすでに産業のインフラが整っており、かなり高度な産業が発展していました。第二次世界大戦に敗れて国土が荒廃したとはいえ、もともと産業基盤はあり、資本主義の仕組みに十分に慣れ親しみ、高い技能を持つ人が数多くいたわけですから、それを復活させれば再び成長します。

戦前から日本はすでに「大人の経済」の段階に達していましたから、「ヨチヨチ歩き」にしか効かない産業政策を通産省が主導したり、政策金融で特定産業を伸ばしたりする必要などなかったのです。

繰り返し指摘しますが、「傾斜生産方式」や「通産省の業界指導」がほとんど役に立たなかったことは、今や多くのまともなエコノミストの共通認識です。

実は私は、大蔵官僚だった時代に公正取引委員会（公取）で働いたことがありました。そのとき、通産省の業界指導がまったく効果がなかったことが、痛いほどよくわかりました。一九八〇年代後半のことです。

通産省の業界指導というのは、早い話が、事実上のカルテルです。一九六〇年代、一九七〇年代を通じて通産省はずっと業界指導をしてきたわけですが、はっきりいえば、うまくいったものは1つもありませんでした。私が公取にいた時期に、カルテルによって競争力を落としてしまった企業が、カルテルをやめたくて公取に相談に来たのです。通産省の業界指導のなれの果てのようなものです。

一九六〇年代、一九七〇年代の日本の産業界は「日本株式会社」といわれていて、通産省の下で一糸乱れぬ形で株式会社的に運営されてきたとされていました。ところが、企業の人たちに聞くと「業界指導なんて、まったくうまくいかなかった」と口をそろえていうのです。商社の人に聞いても、「我々は指導なんて受けていませんよ。勝手に海外に進出しただけです」といっていました。

　通産省のやっていたことは、新たな産業を育てることではなく、石炭産業のような斜陽産業に横から口出しすることがメインでした。あるいは第2章で詳しく紹介しますが、業界の人たちとつきあって、「今後、この分野が成長する」ということがわかったら、それが伸びた理由を後づけして、あたかも通産省のおかげであったかのように誇っていただけでした。そのような話を、私は公取時代に、様々な企業の方々から聞いたものです。

　もちろん公取に持ってこられた話ですから、そのような意見はある程度、割り引いて考えるべきでしょう。しかし、世間の人が思っている「通産省の指導で日本の産業が発展した」というのは、まったくの間違いだということです。

　戦後の日本企業は、一部の許認可企業を除いて、通産省の指導などまったく関係なく成長を遂げています。むしろ通産省を当てにしなかった企業が戦後の日本産業を発展させています。「通産省の指導で戦後日本の産業が発展した」という事実と反する認識を持っていると、現在の経済政策に対する認識でも、あまりにも筋の悪い間違いを犯しかねません。

　繰り返しますが、現実には、幼稚産業国家以外では政府が主導する「成長戦略」は、ほとんど効果がありません。現在の日本は幼稚産業国家ではなく、高度に産業の発達した一流国です。政府に「成長戦略」を求めるより、民間企業が自分たちでやってしまったほうが、産業界も個々の企業も成長します。

戦後の「預金封鎖＋財産税」は財政再建には意味がなかった

終戦翌年の一九四六年二月に預金封鎖が行われました。預金封鎖とは、銀行預金などの金融資産の引き出しを制限することです。当時の預金封鎖は、猛烈なインフレ対策として強制的に貨幣の流通速度を下げるためといわれていました。

しかし、本当の目的は債務償還のために富裕層に財産税を課すことでした。これについては、NHKのテレビ番組（二〇一五年二月十六日放送「ニュースウオッチ9」の特集「〝預金封鎖〟もうひとつのねらい」）でも報道されていました。

同番組では、当時の渋沢敬三蔵相の証言記録が紹介されていました。財産税は、国民が持つ10万円超の預金や不動産に最高90％の課税をし、敗戦による国の借金を国民に負わせる異例の措置とされていました。

つまり、敗戦直後の預金封鎖は、インフレ抑制よりも財政再建が真の目的であったというわけです。

私は、報道された「預金封鎖＋財産税」の事実について知っていました。大蔵官僚だった若いときに、戦後の財政史をよく調べたものですが、『昭和財政史─終戦から講和まで』（全20巻、大蔵省財政史室編）という資料にうまくまとめられていました。必要があれば、その原資料も保存文庫という資料室で調べることができました。ＮＨＫで報道されたような手書きの印刷物を私も見たことがあります。

戦後の財政史を勉強した人ならば、預金封鎖が財産税のためであったことは以前から知っています。と同時に、当時の猛烈なインフレのために、財産税はあまり意味がなかったこともわかっています。『昭和財政史─終戦から講和まで』にも、そう書かれていたと記憶しています。

財産税による増収は、一九四六年以降の数年間で４００億円ほどでした。しかし、インフレ率が高かったため、増収分が目減りしてしまって、ほとんど意味がなくなっていたのです。

一九四六～一九四九年のインフレ率を東京小売物価指数で見ると、５１４％（一九四六年）、１６９％（一九四七年）、１９３％（一九四八年）、63％（一九四九年）となっています。インフレの結果、自然に名目上の歳入額が増えていき、一般会計歳入の名目値は、１１８９

億円（一九四六年）、２１４５億円（一九四七年）、５０８０億円（一九四八年）、７５８６億円（一九四九年）となりました。財産税による増収分の４００億円がかすんでしまうくらいの増え方です。

つまり、この間の猛烈なインフレによって、実質的には財産税の税収は大した金額にはならなかったということです。預金封鎖は二年間ほど行われましたが、財産税による徴収よりインフレによる増収のほうが大きかったわけです。

戦後、日本政府は、「預金封鎖と財産税という手段を使ってでも、財政再建をしなければならない」と考えたわけですが、しかし、説明したように戦後の「預金封鎖＋財産税」は意図通りの成功を収めませんでした。インフレによって税収が増えただけです。

インフレによる実質的な資産の目減りを、経済学では「インフレ税」といいます。税法による課税ではありませんが、インフレが実質的に税と同じ役割を果たす、という意味です。インフレは、政府の債務の実質的な削減にもなるのです。

戦後の史実から出てくる教訓としては、精緻な税制を構築するより、インフレ税のほうが効果があるということです。

もちろんインフレが行き過ぎて「ハイパーインフレ」になってしまったら国民生活を混乱

させますので、それは抑えなくてはなりません。戦後のインフレの原因は、生産設備や原材料の不足による供給不足ですから、それらを増やす政策を打てばインフレ率は収まっていきます。預金封鎖による資産課税というおかしな政策を行う必要はなかったのです。

資産課税で需要を抑えようとしたのですが、その結果として、生産も伸びなくなりました。本来は、供給サイドに目を向けて、供給を増やす政策を打つべきだったのです。

ＧＨＱの改革がなくても、日本は戦前から「資本主義」大国だった

社会の教科書などでは、戦後、アメリカ軍の占領政策によって「経済の民主化」が行われたことの意義が、ことさらに強調されています。その結果でしょうか。戦後の日本経済は、アメリカの占領政策によって資本主義が根付いて、経済が生まれ変わったかのように誤解している人がいます。

しかし、日本はアメリカの占領政策を待つまでもなく、もともと資本主義の精神が根付いていた国です。資本主義の土壌があったうえに、アメリカの占領政策が加わったことで、戦後の経済発展の基盤が整ったと見るべきです。

先述のように、明治維新の当初は日本には産業が育っていませんでしたので、官営で産業

振興が図られましたが、産業が育ってくるにつれて、官営事業は民間に払い下げられ、民間中心の産業形態へと移っていきました。

大正時代には、第一次世界大戦による好景気で成金が出現するなど、むき出しの資本主義経済が進んでいきました。金融の自由化も進んでいて、間接金融よりも直接金融が主体でした。企業は株式公開で市場から資金調達していましたので、銀行など当てにしていませんでした。今の日本よりも、もっと資本主義的な経済の仕組みだったのです。

わかりやすくいうと、現在のアメリカのような状態です。当時は、経済的な規制はほとんどなく、日本は貧富の格差も非常に大きい国でした。

ところが、戦争の足音が近づいてきて国の仕組みが変わっていきました。戦時体制に移行し、経済は統制経済に変わっていきます。民間企業は統制されて面白くなかったと思いますが、戦争中だったので我慢したのです。

そうやって押さえつけていた統制を、終戦後にGHQが1つずつ剝《は》がしていきました。

統制経済の日本をGHQが「民主化」したというのは、あまりにも近視眼的な見方です。戦前からの流れを追っていけば、日本にはもともと資本主義の考え方が根付いていたものが、たまたま戦争によって統制経済になっていただけであり、敗戦によって統制経済から元の資本主義経済に戻された、と見るのが素直な見方です。

農地改革は購買力を増やしたのではなく、共産化を防いだ

戦後の改革の1つに農地改革があります。社会の教科書では、「農民層の窮乏が日本の対外侵略の重要な動機になった」とGHQが考えて改革を求めたことになっています。

当時の日本では、農業従事者は全就業者の五割を占めていました。農地の半分近くは小作地であったため、大地主から国が強制的に買い上げて小作人に安く売り渡しました。この農地改革は一九四六年から一九五〇年にかけて段階的に実施されます。その結果、小作農の比率は、一九四六年十一月には45・9%でしたが、一九五〇年八月には9・8%にまで減少しました。

元農林水産省（農水省）の官僚だったアナリストの山下一仁氏の研究によれば、当初、GHQは農地改革には関心を持っておらず、日本側の提案で農地改革が進められたそうです。

農地改革を進めたのは、第一次吉田政権（一九四六年五月〜一九四七年五月）で農林相を務め、片山政権（一九四七年六月〜一九四八年三月）で経済安定本部総務長官だった和田博雄です。和田は、東京帝国大学法学部を一九二五年に卒業して、農林省に入省。一時、企画院調

1946年5月、食糧メーデーで首相官邸前を行くデモ隊。当時、社会主義勢力が大きく盛り上がった（写真：朝日新聞社/時事通信フォト）

査官を務めた人物で、戦後、経済安定本部総務長官を退任したあとは、社会党（左派社会党）の代議士になっています。

そのような人物ですから、もともと国家統制への関心は高く、戦前の第二次近衛内閣時代には、企画院調査官として「経済新体制確立要綱」（一九四〇年十月）を策定する中心メンバーとなりました。企画院は、戦争遂行のために経済統制を進める役所ですが、彼らの「経済新体制確立要綱」案はあまりに国家社会主義的な内容で、自由主義経済を標榜《ひょうぼう》する小林一三《こばやしいちぞう》をはじめとする財界人たちは「赤化《せっか》思想の産物」と猛反発。その結果、和田たちは治安維持法違反容疑で逮捕されます（企画院事件。なお和田らは敗戦後の一九四五年九月に無罪判決となる)。

そんな和田たちが推進した農地改革によって、農民層の購買力が増えたと主張する人もいますが、農地改革は経済的には大した効果はありませんでした。最大の効果は、地主層が増えて共産化を防ぐことができたことです。

戦後の日本は、資本主義になるか社会主義になるかの瀬戸際のところにいました。実際、社会党の片山政権が誕生していたわけですから、社会主義化しても不思議ではありませんでした。戦争の状況次第では、アメリカとソビエト連邦(ソ連)によって分割統治されて、東西ドイツや南北朝鮮のようになっていてもおかしくはなかったのですが、アメリカが占領することになり、冷戦が激化するとGHQは社会主義を嫌うようになったために社会主義体制を食い止めることができました。それでもソ連からの社会主義化の圧力は受けていました。

農地改革を進めたことで、農民たちは格安の値段で土地を買って地主になり、経済的にも余裕が生まれました。和田自身は左派社会党の議員になるような人物ですから、心の底では、日本が社会主義化することを望んでいたのかもしれませんが、しかし結果としては、自作農(地主層)を増やしたことが社会主義化を防ぐ一因となったと見ていいでしょう。もともと資本主義的な考え方が根付いていた日本では、自作農となった農民は、むしろ自民党の根強い支持者層になっていったからです。

資本主義が前提の日本では、労働三法でバランスがとれた

戦後のＧＨＱの民主化政策の中には、労働の民主化も含まれていました。労働三法（労働基準法、労働関係調整法、労働組合法）が制定され、労働基本権が確立されて、労働組合を結成できるようになりました。

こうした労働の民主化が行われたのは良かったと思います。

たしかに、労働者の権利意識が高まって労働争議がたくさん起こり、社会主義に転換するかもしれない、きわどい状況も生じました。しかし、労働者の基本的な権利を守らないと民主主義にはなりません。日本社会は、戦前から資本主義のＤＮＡが根付いていましたし、農地改革などで共産化の防止が行われていましたので、資本主義体制を前提とした労働の民主化は、社会のバランスをとるうえで必要なものでした。

このときに制定された労働三法が終身雇用を生んだと誤解している人もいますが、終身雇用は、経済成長に伴って発生した付随的な雇用慣行です。労働者の基本的な権利を守る法律とは直接的な関係はありません。

戦後の一時期には労働争議が頻発しましたが、経済成長するに従って自然に争議は収まっていきました。多くの企業では労使協調路線となり、労使がともに成長を目指すようになりました。要するに、労使が運命共同体となっていったのです。

転換点となったのは一九五〇年に勃発した朝鮮戦争による特需景気です。この朝鮮特需が起こり、企業は忙しくなり、儲かるようになりました。企業が「儲かる」ことは様々な問題を解消してくれます。企業が儲かり、従業員の賃金も上がって、みんなが潤いました。そうなると従業員は喜んで働きます。

日本経済が成長軌道に乗ってからは、労働者の一定の権利は守られつつ、運命共同体として労使協調路線が強まっていきました。

財閥解体も集中排除も完全に骨抜きにした民間企業の知恵

GHQは、財閥が軍国主義の温床であったとして、三井、三菱、住友、安田などを対象に財閥解体命令を出しました。また、独占禁止法や過度経済力集中排除法なども制定して、市場競争を促進する政策を導入しています。

経済学的にいえば、集中排除の名目でシェアの高い企業を潰すのは必ずしも合理的なこととはいえません。シェアが高くなったのは、競争で勝ち残ってきた結果と考えることもできます。競争力の高い企業を一律に潰してしまうことは正しい策ではありません。集中排除は、あくまでもカルテルの温床をなくすという意味合いでなければなりません。

財閥解体と集中排除で強い企業が潰されると、経済的に打撃を受けるおそれがありますが、日本はそこをうまく切り抜けました。

財閥解体を命じられても、完全にバラバラに解体したわけではなく、ゆるやかなグループとして温存させたのです。今でも三井グループ、三菱グループなど、企業の結びつきは続いています。

企業グループというのは、ある意味では取引上の保険のようなものです。新たに顧客開拓をしなくても、グループ内で一定の売り上げを稼ぐことができます。自社の製品を、同じグループの企業が優先的に買ってくれることが「期待できる」からです。グループ化してその中に加わっていたほうが、経営が安定しやすいのです。

財閥解体をうまく逃れて、相互互助的な、ゆるやかなグループにすることができたために、戦後の日本の企業は、一定の売り上げの保険を持ったうえで、新たなことにチャレンジして発展していくことができました。

日本の企業は賢いので、GHQに対して財閥解体を「やったふり」をしながら、グループ化を認めさせました。財閥解体も集中排除も骨抜きにしてしまったのです。日本人は理不尽な上からの命令を「換骨奪胎《かんこつだったい》」する知恵を持っていました。

このようなことができたのは、日本企業の中に戦前からの資本主義の土壌があったからです。民間企業が中心となって、GHQをごまかしてうまく規制を逃れました。GHQが「まあいいじゃないか」といえば、日本政府の内部の社会主義的な官僚も、それ以上の口出しはできません。

GHQもIMFも「財政均衡」が大好き

一九四八年十二月にGHQは「経済安定9原則」を指示しました。その内容は、次のようなものです。

1. 総予算の均衡
2. 徴税の強化
3. 資金貸出を復興のみに制限

4. 賃金安定
5. 物価の統制
6. 貿易の改善
7. 物資割り当ての改善
8. 原材料・製品の増産
9. 食糧集荷の改善

この9原則を実現させるために翌年の一九四九年二月に来日したのが、本章の冒頭でも紹介したジョセフ・ドッジでした。彼は翌三月から、強力な財政金融引き締め政策を推し進めます（ドッジ・ライン）。

これらの方針は、日本経済を自立させるためとの名目で出されたものですが、今のＩＭＦ（国際通貨基金）の政策によく似ています。ＩＭＦは常に緊縮財政を求めますが、戦後の日本も緊縮財政を求められました。しかし、それがきっかけでその後、不況に陥ることになります。

財政の均衡というのは、あまりにも家計簿的な発想です。マクロ経済政策としては超不況期には緊縮財政は正しい政策ではなく、ケインズのように有効需要をつくり出すほうがはるかに効果的です。

しかし、家計簿的に考えてしまうと「均衡させなければならない」と思えるので、家計を節約するように、国家財政も緊縮が良いと考えてしまいます。

家計簿的な直観とはズレるかもしれませんが、実は国家の財政というのは無理に短期間で均衡させる必要はありません。破綻《はたん》することは避けなければなりませんが、破綻しないのであれば短期間で均衡していなくてもかまわないのです。

「均衡しない＝破綻」と思い込んでしまう人が多いのですが、「財政均衡」と「財政破綻」の中間にはいろいろな世界が存在しています。

家計と違い、国家財政はある程度の赤字をずっと続けていても、大した問題にはなりません。たとえばアメリカの財政を見ると、「均衡財政」を掲げながらも均衡したことはほとんどありません。百年間のうちに百回近く天井を拡大させています。建前は均衡ですが、ほぼ毎年均衡を破って赤字をつくっています。それでも破綻はしていません。

逆に、杓子定規《しゃくしじょうぎ》に一年ごとに均衡させようとするほうが経済には悪影響をもたらします。

しかし杓子定規なＩＭＦは、アルゼンチンにも、インドネシアにも、韓国にも、経済危機の

来日したドッジ夫妻を出迎える池田勇人蔵相(写真:朝日新聞社/時事通信フォト)

際に融資と引き替えに超緊縮財政を求めました。その結果、各国の不況を深刻化させることになりました。IMFは二〇一〇年になって、ようやくその過ちを認めました。

同じことが戦後の日本で行われました。GHQは政策を誤ったのです。

もっとも、当時はマクロ経済学がまだほとんどできあがっておらず、国民経済計算もきちんとできていませんでしたので、仕方のない面もありました。

現在のマクロ経済学からさかのぼって当時を見た「後知恵」ではありますが、緊縮財政は間違った政策でした。現在の知見に基づいて政策を打つのであれば、緊縮財政はやらなかったはずです。

当時必要だったのは、緊縮財政ではなく、公共投資などで需要を増やして生産設備を伸ばすことでした。

ドッジ・ラインの金融引き締めが深刻な不況を招いた

終戦直後は、生産能力が極めて限定されていますから、そこに資金を大量に投入すれば、一時的にインフレに陥ることはやむをえません。

しかし、当時の日本経済はアメリカからの物資の輸入で生産設備が整いつつありました。生産設備が回復すれば、供給が増えてインフレは沈静化していきます。日本の場合は軍事転用されていた設備を元に戻すことがメインでしたから、資金と材料さえ入手できれば比較的短期間に転用は可能でした。まったく何もないところから新たに設備をつくるには時間がかかりますが、基本的設備は残っていて、元の製造ラインに改修するだけです。少し景気を良くして、今まで眠っていた設備を稼働させることに重点を置けば、インフレは収まっていったはずです。

しかし、GHQと日本政府はそれを待ちきれずに、安易に金融引き締めの方向に走りました。これによってインフレは収まりましたが、一転して深刻なデフレが起こり、不況に突入してしまいました。その結果、多くの中小企業が倒産し、失業者があふれるようになりました。つまり、GHQと日本政府は余計なことをしてしまったわけです。

昔も今も変わっていませんが、インフレについて議論するときに、極端な例だけで考える人がたくさんいます。お金の要因とともに、供給、需要の要因の両方を見なければ、物価について理解することはできません。

戦争時においては、供給面が大きなウエートを占めます。戦時体制が始まると、民生品をつくっていた工場もみな軍事にシフトして、極端に供給能力が低下します。マネー要因ではなく供給要因でインフレが起こるのです。そこに中央銀行が軍事資金としてのお金を供給するとダブルパンチになります。

しかし、戦争が終わって生産設備が回復していくと物価はやがて落ち着いていきます。どのくらいの期間でインフレが収まるかは国によって異なりますが、どの国でも戦後のインフレは必ず終息しています。工場を再整備して、物をつくるようになれば物価は下がるのです。

そこを見誤ってマネー要因と考えてしまうと「復金債でお金をばらまいたためにインフレになった」とか「金融引き締めをしなければいけない」という意見が出てきて、必要な設備投資資金まで市場から回収してしまうことになります。インフレ対策として生産設備を増やさなければいけない時期に逆効果になってしまいました。

ドッジ・ラインで金融を引き締めてしまったため、復興しかかっていた日本経済は深刻な不況に陥りました。

日本復興の最大の原動力は、政策ではなく「朝鮮特需」

もし、そのままいったら、日本は大変なことになっていたかもしれません。杓子定規なドッジ・ラインの緊縮財政のせいで、深刻な不況が続いていたでしょう。必要な生産設備もつくれなかったはずです。労働争議が頻発して、社会主義の方向に転換し、再び社会党政権が誕生していたかもしれません。農地改革で土地をもらった地主層は社会主義化に反対したかもしれませんが、サラリーマン層など一般労働者は雪崩を打ったように社会主義の方向に流れていった可能性もあります。当時は社会主義が崇拝されている時代でしたので、まさに瀬戸際だったただろうと思います。

GHQが経済を悪化させる政策を行ったにもかかわらず、日本経済が復活できたのは、朝鮮戦争による特需のおかげです。思わぬ需要ができたために、経済が回っていきました。資本主義を続けるか、社会主義に転換するか。ドッジ・ラインをきっかけにした大不況で社会主義化しかねないところを、朝鮮戦争が資本主義に戻してくれたと見ていいだろうと思います。朝鮮戦争勃発で経済的には特需が起こって好景気になり、政治的にはGHQによるレッドパージが始まって、共産主義者が追放されました。そういう意味では、朝鮮戦争という神風が吹いたようなものです。

戦後の五年間を振り返ってみると、傾斜生産方式が見せかけだったことに代表されるように、あらゆる経済面を統制しようとした経済安定本部はほとんど復興の役に立っていなかったといえます。スーパー経済官庁というイメージは立派ですが、実際には機能していませんでした。

しかもGHQが展開した「経済安定9原則」による緊縮財政や金融引き締めも、深刻な不況を生み出しただけで、経済復興にはつながりませんでした。

身も蓋《ふた》《み》もない言い方ですが、日本経済を復興させたのは、政府の統制や指導ではなく、「朝鮮特需」という外的要因です。もし朝鮮特需がなければ、日本経済はどうなっていたかわかりません。

第2章

高度経済成長はなぜ実現したのか?

「神話以来の好景気」が連発した時代

「一九五〇年代後半から一九七〇年代初頭にかけて、日本が高度成長をした」ということは誰もが知っています。一九六一年からの十年間で国民所得を倍にするという池田勇人首相の「所得倍増計画」もよく知られています。

実際、一九五五年から一九七三年まで、日本の経済成長率は平均して10％近くに達していました。この間、幾度も好景気が訪れています。

一九五〇～一九五三年の朝鮮戦争による特需景気が終わると、次に早くも一九五五～一九五七年の「神武景気」が到来します。「こんなに景気がいいのは、初代天皇の神武天皇以来だ」ということで、つけられた名です。一九五七年七月から一九五八年六月にかけて不況となり「なべ底不況」と呼ばれますが、しかし、一九五八年から3回にわたり実施された公定歩合の引き下げにより、今度は「岩戸景気」と呼ばれる好景気になります。景気は一九六一年十二月まで、四十二カ月間にわたって拡大し、神武景気の三十一カ月を超えたので、「神武天皇より前の『天の岩戸』の神話の時代以来の好景気だ」という話になったのです。

その後、十カ月の不景気を挟んで、今度は一九六四年の東京オリンピックに向けた「オリンピック景気」になります。一九六二年十一月から一九六四年十月まで景気が拡大しますが、さすがにオリンピックが終わると、建設需要やテレビの需要なども落ち込み、構造不況とも呼ばれる「四十年不況」（昭和四十年＝一九六五年）になります。

ところが、政策金利を引き下げ、さらに戦後初の「建設国債」の発行などの手を打つと、一九六五年十一月から一九七〇年七月までの五十七カ月間続いた「いざなぎ景気」となります。天の岩戸の神話もはるかに超えて、「神話の始まりでもあるイザナギ・イザナミの神様以来の景気だ」ということになったのです。

こう見ていくだけでも、まさに猛烈なる、イケイケどんどんの時代です。それこそ景気の名前からして、「神話以来の好景気」が次々と連発しているのですから。

デフレ不況が続く現代しか知らない人たちからすれば、あまりに羨《うらや》ましすぎて、想像もできないかもしれません。「いざなぎ景気」などという名前をつけられてしまったら、日本神話でその先にさらにさかのぼるのは難しいですから（『古事記』などでは、イザナギ、イザナミの前にも神様がいますが、人口に膾炙《かいしゃ》しているとはいえません）、「そら見たことか。そんな大それた名前をつけたから、高度成長が終わってしまったじゃないか」などと、文句をいいたくもなってきます。

高度成長時代には、実は何のめぼしい政策もなかった

では、その当時、日本政府はどんな政策をとったのでしょうか。

たしかに池田首相は一九六一年からの十年間で国民所得を倍にするという「所得倍増計画」をぶちあげたわけですが、「この政策をしたから一九六〇年代は高度成長した」という話を聞いたことがある人はいないのではないでしょうか。

実は、具体的な経済政策はほとんど何もしていません。むしろ、何もしなかったことが良かったのです。日本のように戦前から一定の産業基盤のできている国では、政府が民間の指導をするより、民間に任せたほうが経済は成長するからです。

所得倍増計画の立案者は大蔵省出身の下村治ですが、下村の話を聞いても具体的に「これをやった」というものは出てきません。特効薬のような政策をしたわけではなく、景気が悪くなったら政策金利（公定歩合）を下げたり、政府支出を増やしたり、などという普通の政策をしただけです。

もし、高度成長させる特効薬のような政策があるのなら、今でもみんながまねをするはずです。しかし、めぼしい政策がなかったため、その後のモデルにはなっていません。

池田政権（一九六〇年七月〜一九六四年十一月）が所得倍増論を打ち出す前の岸信介政権（一九五七年二月〜一九六〇年七月）のころから、「安定成長」の計画にするか、「高度成長」の計画にするかで議論が続いていました。岸政権から池田政権に変わり、池田首相は、「高度成長」になると読み切って、所得倍増計画を打ち出しました。

もし池田首相が「高度成長」ではなく「安定成長」を選んでいたら、政府が景気抑制的で余計なことをした可能性があります。

所得倍増計画は十年で国民所得を倍にする計画でしたが、七年で達成されています。「安定成長」を掲げていたとしたら、「こんなに成長しているのはおかしい。不吉な予感がする。安定成長に戻すべきだ」という理屈で、経済の足を引っ張る政策を打ち出したかもしれません。

目標を低めに見ていると、それを上回る成長をしたときに、「想定と違うのは良くないことだ」という意見が出てきます。

高度成長期には、実質GDP成長率が10％を超える年が十年間のうちに7回もありました。もし「安定成長」を目指していたら、成長率が7〜8％になった段階で、「過熱しているから引き締めをしなければいけない」という意見が出てきたかもしれません。政府が余計なことをしてしまって、成長の足を引っ張っていた可能性もあります。それをしなかったことが、高度成長を成功させた最大の要因です。

当時は1ドル＝360円でしたので、有利な為替レートにうまく乗って輸出企業はどんどん成長していきました。政府が民間の邪魔をしなかったことで高度成長を達成することができたのです。

高度成長期から学べることは、政府が現状をきちんと理解して、正しい読みをすることが重要だということです。読みが間違っていると、間違った政策が行われて、経済の足を引っ張ってしまいます。読みが正しければ、「今は政府が余計なことをしないほうがいい」という判断もできますし、状況に応じて必要な政策を打ち出すこともできます。

池田政権は「高度成長する環境が整っている」と、正しく状況を読んで、笛を吹きました。笛を吹いただけで、余計なことは何もしなかったことで高度成長を達成することができたのです。

「1ドル＝360円」の楽勝レートが高度成長の最大の要因

私は、日本の高度成長を支えた最大の要因は「1ドル＝360円」の有利な為替レートだったと見ています。

産業界には、ものづくりの技術を高めたことが日本の産業を発展させたと考えている方が多くいらっしゃいますから、「為替レートが有利だったから、日本の産業が伸びた」というと、必ずお叱りを受けます。

もちろん、ものづくりの努力が産業を支えてきたことは私も十分に承知していますし、そうした要因があったことも間違いないことなのですが、しかし、為替データを見る限り、為替要因が圧倒的に大きかったことがわかるのです。

身近な例でいえば、二〇〇九年からの民主党政権時代（二〇〇九年九月～二〇一二年十二月）には、過度な円高が放置されたために、日本の産業界は非常に苦しめられました。技術力は世界最高レベルであるにもかかわらず、大手メーカーが赤字となり、リストラを余儀なくされました。不利な為替レートだと、どんなに技術力が高くても利益を上げられません。為替要因はしばしば技術要因を上回ります。

経済理論の中には、適正な為替レートを計算する理論がいくつかあります。経常収支によって決まってくるときもありますが、変動相場制のような自由な為替相場の世界では、マネタリーアプローチによって計算できます。２国のマネタリーベースの比をとると、均衡レートが出てきます。

　途中を省いて単純化していうと、円の総量／ドルの総量で、円ドルの均衡レートが計算できます。「完全に自由な為替相場だったとしたら」と仮定した場合の計算上の為替レートです。どんな物でも量が増えると相対的な価値が減少します。それと同じで、円の量を増やすと円安になると考えていただくとわかりやすいかもしれません。

　図1を見て下さい。一九八六年以降の円ドルレートは、計算上の均衡レートとほとんど同じ水準です。のちほど「プラザ合意」のところで詳しく説明しますが（97ページ参照）、一九八五年のプラザ合意以降は為替介入をしなくなりましたので、計算上の均衡レートと実際の為替レートがだいたい一致するようになりました。

　均衡レートは、一九七一年までさかのぼって計算することができます。一九七〇年代における均衡レートは、1ドル＝140円程度です。それ以前の均衡レートは私の試算ですが、一九七〇年代と大きくは違っていないはずです。

　グラフを見ていただくと、1ドル＝360円時代が日本の輸出産業にとっていかに有利な為替レートだったかがわかります。1ドル＝140円程度のところを1ドル＝360円で取引できるなら、「楽勝レート」です。一九六〇年代の高度成長期には、非常に有利なレート

図1　円ドルレートと日米マネタリーベース比の推移

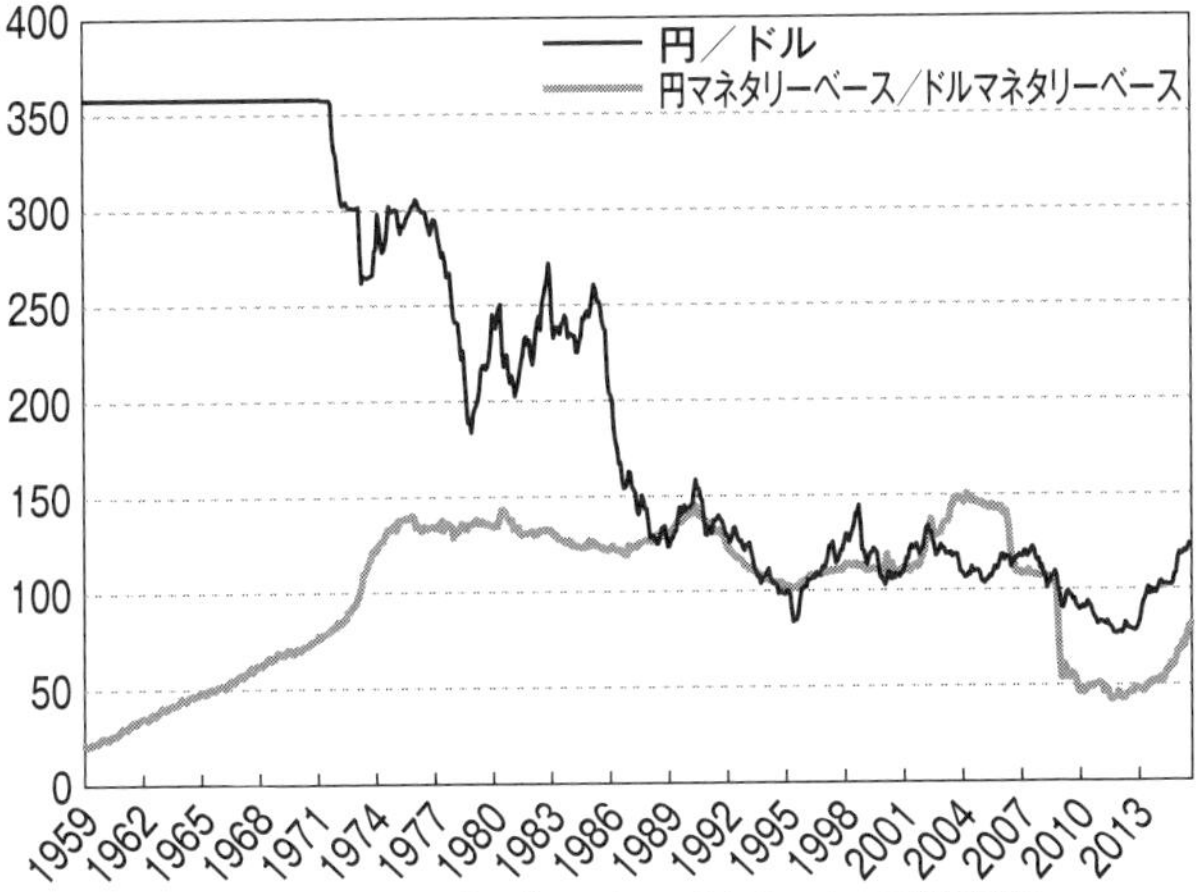

出所：日本銀行、FRB。ただし、1970年以前の日本のマネタリーベースは筆者試算

で輸出をすることができました。

1ドル＝360円のレートは、一九四九年に設定されて以来ずっと続きました。なぜアメリカが日本にとって有利な為替レートにしてくれたのかはよくわかりません。かつて田中角栄が「円は360度だから、1ドル360円だ」と冗談めかしていったという話はありますが、1ドル＝360円に決めてくれた人に感謝するしかありません。日本のことをアメリカがナメていたのかもしれません。

この有利な為替レートが戦後の高度経済成長の最大の要因です。一九六〇年代の高度成長期は、高いゲタを履《は》かせてもらっていましたので、輸出企業の競争力が圧倒的に高まり、高収益を上げることができました。

為替レートが有利なうえに、技術力がついてきた

日本の輸出企業は圧倒的に有利な為替レートの恩恵を受けていました。もちろん、日本企業に基礎的な技術力があったのも事実です。いくら為替レートが有利でも、粗悪品をつくっていたのでは海外では売れません。

昔は日本製品は低品質と見られていましたが、徐々に技術力が高まり、アメリカ製品と似たようなレベルの物をつくることができるようになりました。その過程で、海外から多くの技術を学んでいます。海外企業と提携して技術力を高めた企業もたくさんあります。

もちろん、実力を超えた円安の時代ですから、海外から技術を導入する経費は大変なものでした。本田技研は、あまりに高額の工作機械を購入したことも響いて資金難に陥り、倒産しかかっています。松下電器がフィリップスと提携したときも、イニシャル・ペイメント(前払い実施料)55万ドル、株式参加30%、ロイヤルティー(技術指導料)7%を要求されました。松下幸之助が、この技術指導料に対して「経営指導料」を逆に要求したことは有名な話です。結果としてフィリップスの技術指導料4・5%に対して、松下電器の経営指導料3%で契約が成立しています。

たしかに、当時の名経営者たちはこのような果断な判断を次々と下し、技術力を格段に向上させていったのです。一九五〇年代は価格の安さが最大の売りだったのでしょうが、利益を上げながら品質を高め、一九八〇年代には日本製品の品質は世界最高レベルになっています。

それを端的に物語っているのが、アメリカの映画『バック・トゥ・ザ・フューチャー』です。主人公が一九八五年から一九五五年にタイムスリップするストーリーですが、一九八五年のシーンでは、身の回りの家電製品は日本製ばかりです。主人公の少年があこがれる自動車もトヨタのピックアップトラックです。

ところが、三十年前の一九五五年のシーンはまったく違います。シリーズ三作目で、一九五五年当時の人物が、「メイド・イン・ジャパンじゃ、壊れても不思議はない」というのに対し、一九八五年から来た主人公が、「何をいっているんだい。日本製は最高だよ」というシーンがあります。一九五〇年代の日本製品と一九八〇年代の日本製品ではまったくイメージが違っています。

ともあれ、果断な経営判断と、不断の努力で製品の品質を上げていったことが、日本製品の最終的な勝利を招来することになったわけですが、日本企業の躍進を支えた大きな要因は、やはり「1ドル＝360円」の為替レートだったことは間違いないでしょう。有利な為替レートのおかげで、「品質の良いものを、割安の値段で売る」ことができたのです。おかげで、日本製品はどんどん海外で売れました。さらにいえば、当時の経営者たちが果敢に決断できた背景に、「1ドル＝360円」という為替レートがもたらしてくれる高収益に対する安心感があったことも、間違いありません。

通産省の役人よりも一枚も二枚も企業は上手だった

まして、「高度成長時代は、通産省が日本の産業を牽引してきた」というのは、多くの人の思い込みにすぎません。城山三郎の小説『官僚たちの夏』は、通産省が日本の産業を引っ張ってきたというストーリーでテレビドラマにもなりました。通産官僚がヒーロー的に描かれていますので、そのような物語の影響もあるのかもしれません。

しかし実際のところは、日本の産業を発展させたのはあくまでも民間企業であって、通産省はそれに少し力を貸しただけです。それどころか通産省が民間を妨害したケースもあります。代表的な例が本田技研の四輪車参入です。

『官僚たちの夏』の主人公として描かれている通産次官は、自動車メーカーは数社あればい

本田宗一郎は通産省に真っ向から反論して四輪車に参入し、大きな成功を収めた（写真：本田技研工業）

いと考えて、二輪車専業だった本田技研の四輪車への参入を認めようとしませんでした。それに対して、本田宗一郎は真っ向から反論して、通産省に逆らって四輪車に参入しました。今振り返ってみれば、通産次官と本田宗一郎のどちらが正しかったかは明らかです。

そもそも、通産省の役人に産業を見分ける力はありません。一方、企業は自分たちの生き残りがかかっていますので、役人よりはるかに真剣に取り組んでいます。

企業は常に研究開発を続けていて、どこよりも早く新しいものをつくろうとしています。その情報を通産省に少し横流しすると、通産省は「今度はこれだ」として、政策として打ち出すというのが通常のパターンです。

通産省の業界指導がいかに意味のないものだったのかを私が明確に認識したのは、一九八〇年代後半に公正取引委員会で仕事をしていたときだったことは、すでに述べました。公取はカルテルなどを取り締まる役所ですから、業界指導をする通産省とは、ある意味で敵対していたからです。本章では、もう少し詳しく、このときの経験を紹介することにしましょう。

私のいた部署は経済部調整課でした。調整課は、各省庁が立案した法律案や口頭指導・行政指導によって、自由な競争が制限されたり阻害されたりしないように、各省庁と調整をするのが仕事です。

通産省の役人も呼んで、「こういう行政指導はカルテルになるからやめて下さい」と指摘します。しかし通産省の人は、業界を指導するのが自分たちの仕事だと思っていますから、「産業政策」と称して業界指導するための根拠法をつくろうとします。公取は「そういう法律をつくると、独占禁止法に抵触します」と伝えるわけですが、通産省の役人にしてみれば、自分たちのレゾンデートル、つまり存在理由にかかわることを公取に否定されるので、公取と通産省はよく対立していました。

この構図をうまく使ったのが業界の人たちです。彼らのほうが役人より一枚も二枚も上手です。

業界を保護してほしいときには、通産省に「ぜひ、ご指導を」といって業界指導を頼みに行きます。しかし、通産省の業界指導が気に入らないときには、「カルテルにならないでしょうか」と公取に駆け込んできます。こうして、うまい具合に役所を使い分けているのです。

私は、いつも業界と通産省の間に立って調整をしていました。業界の人にうまく利用されていたのだと思います。いや、逆にいえば、民間はそれだけ「したたか」だということです。

ただし、両者の間に入って、双方からホンネを聞いていましたので、業界指導がどういうものなのか本当のことがよくわかりました。

ただ民間の後追いをしてきただけという通産省の本当の姿

民間企業は何がヒットするかわからないので、様々な分野で開発を進めています。通産省から話を聞かれると、有望そうな分野のことを話して、通産省にデータを提供します。通産省はそのデータを利用して、政策目標として掲げていたのです。要するに、通産省は民間が出したビジョンの後追いをしていただけです。

さらに通産省よりも、はるかに遅れているのがマスコミです。通産省から何らかの情報が出されると、マスコミは「最新ニュース」だと捉えて、嬉々として飛びつきます。情報に疎《うと》いマスコミは、「通産省がこんな新しい目標を打ち出した」というニュアンスで大々的に報道してくれるのです。

かくして、あたかも通産省が業界に先んじてすごい目標を打ち出し、業界を引っ張ったかのように報道されるのですが、要は、マスコミは通産省の御用報道機関として利用されていたわけです。

こういう情報を信じた人は、「通産省の業界指導が日本の産業を牽引した」とずっと思い込んできたのだろうと思います。通産省が目標を打ち出して、それに業界が従ったかのように捉えられていますが、事実はまったくの逆なのです。

業界の人たちが勝手に集まって話し合いをしたらカルテルになってしまいます。そこで通産省は、法律をつくってカルテルを合法化していきました。業界の人たちは、法律に基づいて、通産省の人が出席している場で話し合いをします。そうすると、カルテルではなく業界指導ということになります。

外国から見たら完全なカルテルであり、公取から見てもカルテルの疑いが強いものです。しかし、法律をつくって合法化し、通産省が開催している会議にすれば、ぎりぎりのところでカルテルとみなされにくくなります。通産省の業界指導というのは、いわば「偽装カルテル」だったといえます。

では、偽装カルテルをつくったあとに、通産省が業界指導をできたのかというと、何もできませんでした。指導というのは、その業界のことをわかっている人でなければできるものではありません。

途中からは通産省の代わりに民間の人がカルテルを主導するようになります。民間の人は、自分の会社の都合のいいように話を持っていこうとしますから、結局、業界指導の名を借りたカルテルはすべて成り立たなくなっていきました。

私が公取にいたころに造船業界のカルテルが認可されました。造船は運輸省が管轄しており、運輸省がカルテル認可を求めていました。業界の人たちは、状況をよくわかっていますので「カルテルをしても意味がない」といっていて、カルテルをやりたがっていませんでした。

一般的にいえば、船舶の世界はグローバルです。また、造船は世界の中で一番コストの安いところでつくって、船籍は別の国にしておくことが多いので、日本でカルテルをしても意味がありません。運輸省が強く求めたため認可しましたが、公取最後のカルテル認可になりました。

結局、造船カルテルをつくったものの、各社は手間ばかりかかって何の利益もないため、苦労されたようです。以降はカルテルの申請は一切なくなりました。

通産省式「合法的カルテル」の栄枯盛衰

通産省は次のような手も、よく使っていました。たとえば業界から4社を集めて共同販売会社（共販会社）をつくるのです。4社にするのはシェアを25％ずつにするためです。3社にしてしまうとシェアが33％になって違法なカルテルになってしまいます。そこで4社にして、ぎりぎり25％を超えないようにしたのです。要するに「25％カルテル」です。

業者にとっては合法カルテルなので、利益が上がるように思えます。しかし、結果的にこのカルテルはうまくいきませんでした。国内でカルテルをつくっても、輸入品が入ってくればは太刀打ちできません。カルテルのために競争力がどんどん落ちていきますから、全社ともに輸入品にやられてしまうケースが多々ありました。

最終的に共販会社はすべて解散しました。各社は「カルテルをしても、自社の競争力を落とすだけで、結局はうまくいかない」ということがわかったようです。カルテルのような無益なことをするよりも、自社の競争力を高めたほうがいいということで、通産省主導の合法的カルテルは見向きもされなくなりました。

カルテルはものすごくメリットがあるものに思えるかもしれませんが、一時しのぎの役割しかなく、最終的には企業や産業を弱めてしまいました。

私が公取にいた一九八〇年代後半は、通産省の合法カルテルの破綻が明らかとなり、後処理のような仕事ばかりでした。

業界を育成するためにつくられた法律は、どれも効果がなかったので次々と廃止されていきました。

業界指導のなれの果ては、不振業界の構造改革です。特定産業構造改善臨時措置法という法律があり、通産省は過剰設備の処理をさせようとしていましたが、もはや通産省のいうことなど誰も聞いていませんでした。同法は一九八八年に廃止されました。

幼稚産業論としては、政府による業界指導は成り立ちます。しかし、それを産業基盤の整った日本でやるのは無理がありました。幼稚産業を脱した一流産業国家では、産業政策において国の出る幕はありません。

もし、通産省が業界指導をやりたければ、途上国に行ってやるべきでした。途上国では業界指導が喜ばれますが、日本のような国でやってもうまくいきません。

東京オリンピックの経済効果は、インフラ整備よりも貿易自由化

高度成長期には一九六四年の東京オリンピック開催という大イベントがありました。東京オリンピックに向けて、日本国内では高速道路や新幹線が整備され、大きな経済効果があったといわれています。

インフラが整備されたという点では、一定の効果はありました。しかし、公共投資による経済効果は、実はそれほど大したことはありませんでした。

一番大きな効果は、「貿易の自由化」による経済効果です。

オリンピックのような国際イベントを開催すると、政治家を含めてみんなの意識が外向きになります。「世界に恥ずかしくない国にしたい」と思うようになるのです。

北京オリンピック（二〇〇八年）のことを思い起こしていただくと、東京オリンピック当時のことを想像しやすくなります。

北京オリンピックが開催されたときに、中国は北京市内の工場の操業を停止して公害を防止し、青空の状態にしました。町中で痰《たん》を吐く中国人も減ったといわれています。外国人に見られて恥ずかしくない状態にしたいという気持ちが国民に広がったのです。

一九六四年の東京オリンピックのときも、似たようなことが起こりました。身近なこととしては、東京の町中のゴミが問題とされ、環境が美化されました。

どの国でも国際イベントを開催するときには、政治家は外国に対していいところを見せたいと見栄を張りがちです。

また、一九六四年の東京オリンピック開催で、政治家の意識が外向きになり、オリンピックを機に貿易の自由化が進みました。

「貿易自由化を進めると輸入が増えて大変になる」という反対意見も多かったのですが、「オリンピックを開催するのだから、世界に恥ずかしくない国にしなければいけない」ということが説得材料になり、自由化を進めることができたのです。下らない規制は世界に対して恥ずかしいということで、国内の規制も見直されました。

こうしたことが起こるのがオリンピックです。

オリンピックを契機に日本の貿易自由化は急速に進んでいきました。一九六〇年に岸政権が「貿易・為替自由化計画大綱」をつくった時点では、貿易自由化率は40％でしたが、東京オリンピックを目前に控えた一九六三年には、貿易自由化率は92％にまで上昇しています。また、一九六四年にはＯＥＣＤ（経済協力開発機構）に加盟して、資本の自由化も進めました。

二〇二〇年の東京オリンピックでも同様の効果を期待できます。インフラ整備も進みますが、外国人観光客を迎えておもてなしをするために通訳が増えたり、語学学習をする人が増えたりするでしょう。世界に目を向ける人が増えて、様々な規制が見直される可能性もあります。

オリンピック開催が決まると、国民が国際化を比較的受け入れやすい状態になります。「外国から良く思われたい」という意識が改革の原動力となり、経済活動を活性化させます。

そういう意味では、いろいろな国がオリンピックを持ち回りでするようになれば、世界の国々がさらに良くなるのではないかと思います。

第3章

奇跡の終焉と「狂乱物価」の正体

ニクソン・ショック前から金本位制はとっくに終わっていた

一九五〇年代から一九七〇年代初めまで続いてきた日本の高度経済成長は「2つのショック」で終焉を迎えたといわれます。一九七一年の「ニクソン・ショック」と、一九七三年の「第一次石油ショック」です。

一九七一年八月にニクソン大統領は「ドルと金の交換停止」「10％の輸入課徴金の設定」などの発表をしました。これが「ニクソン・ショック」と呼ばれるものです。

ニクソン・ショックの背景として、社会科の教科書ではアメリカの金準備が減少して、ドルへの信頼が揺らぎ始めたことが挙げられています。ニクソン大統領はドルを防衛するために、ドルと金の交換停止を決めました。このニクソン・ショックによって金本位制が終わったかのように伝えられています。

しかし、実際にはとっくに金本位制は終わっていました。

金本位制というのは、貨幣の裏づけに「金《きん》」がある制度です。金の量しか、貨幣をつくることができません。経済活動の拡大に伴って、金の量が増えていくのであれば、金本位制は成り立ちます。

しかし、経済活動はどんどん大きくなりますが、金の増え方はそれに追いつきません。そうすると、金に裏づけられた貨幣の量が足りなくなっていきます。つまり、常に貨幣が過少気味で、デフレ基調になるということです。

このような制度では無理があるため、戦後まもなく管理変動相場制に移行しています。アメリカは保有している金の量しかドルを刷らなかったわけではなく、金保有量とは関係なく、ドルを刷っていました。

リチャード・ニクソン米大統領

世界経済もアメリカの保有する金の信用で成り立っていたわけではなく、ドルの信用で成り立っていました。金の裏づけとは関係なく貿易が行われていました。

形式上は金本位制が残っていましたが、実態は金本位制ではありませんでした。ですから、ニクソン大統領がドルと金の交換停止を発表したのは、ただただ、実態に合わせただけのことだったのです。

ニクソン大統領の目的は、アメリカにとって不利だったドルレートの修正です。戦後、アメリカは日本とは1ドル＝360円、西ドイツとは1ドル＝4・2マルクの固定レートで取引をしていました。日本と西ドイツは圧倒的に有利なレートを利用して稼ぎまくり、国際収支が黒字になりました。

西ドイツに対しては2回ほど切り上げ要求をしたものの、依然として西ドイツに有利なレートでした。日本とのレートは1ドル＝360円がそのまま続きました。

アメリカ側から見ると、非常に不利なレートで取引していたため、これ以上は国内が持ちませんでした。為替レートの不均衡を調整するしかなかったのです。

一九七一年に西欧諸国はそろって変動相場制に移行しましたが、日本は固定相場制を維持しようとしました。しかし、西欧通貨の上昇に伴って、日本円も1ドル＝320円台まで上昇しています。

八月のニクソン・ショック後の動きとして、西欧諸国が為替市場を閉鎖したのに、日本は開いたままにしていたために、円買いドル売りが殺到して急激な円高になり、それを修正するために日本は10日間で約40億ドルのドル買いをしました。この失敗が、のちの変動相場制移行につながったという説もありますが、些末《さまつ》な議論だと思います。

固定相場制というのは、このあと詳述しますが、為替介入しない制度ではなく、相場を維持するために猛烈に介入する制度です。相場を開いていようが開いていまいが、1ドル＝360円を維持したいのであれば、遅かれ早かれ介入せざるをえないのです。

背景には、もっと大きな力が存在していました。アメリカ経済が不利なレートでは持ちこたえられなくなったことです。

表舞台だけを見ていると突発的な現象に見えますが、起こるべくして起こった事象と捉えることができます。たまたまニクソン・ショックという形で出てきただけで、もしニクソン・ショックが起こらなければ、別の形でショックが訪れたでしょう。

歴史家の人たちは、出来事を中心に歴史を見ていますので、ニクソン・ショックという大きな事件が突発的に起こったかのように捉えています。しかし、私自身は、「ショック」という言葉を使って騒ぎ立てるほどの出来事ではなかったと見ています。無理が利かなくなって風船が破裂したようなもので、いわば自然現象です。

その年の十二月にワシントンのスミソニアン博物館で10カ国財務相会議が開催されて通貨の調整が行われました。「スミソニアン協定」を結び、日本は1ドル＝360円から308円への円切り上げを受け入れました。

そして、一九七三年二月に、形式上は固定相場制から変動相場制へ移行しました。

「国際金融のトリレンマ」を知れば経済を理解できる

「国際金融のトリレンマ」というものをご存知でしょうか。これを知っておくと、経済のことを理解しやすくなります（図2）。

ディレンマ（ジレンマ、ダイレンマ）という言葉はよく知られていますが、ラテン語で「ディ」は2つという意味で、「レンマ」は命題という意味です。2つの命題が両立しないときにディレンマが起こります。「あちらを立てればこちらが立たず」の状況です。

「トリ」は3という意味で、「トリレンマ」は3つの命題が一度には成り立たない状況のことです。トリレンマは、3つの命題のうち最大2つしか成り立ちません。

国際金融のトリレンマの命題は次の3つです。

・自由な資本移動
・固定為替相場
・独立した金融政策

図2　国際金融のトリレンマ

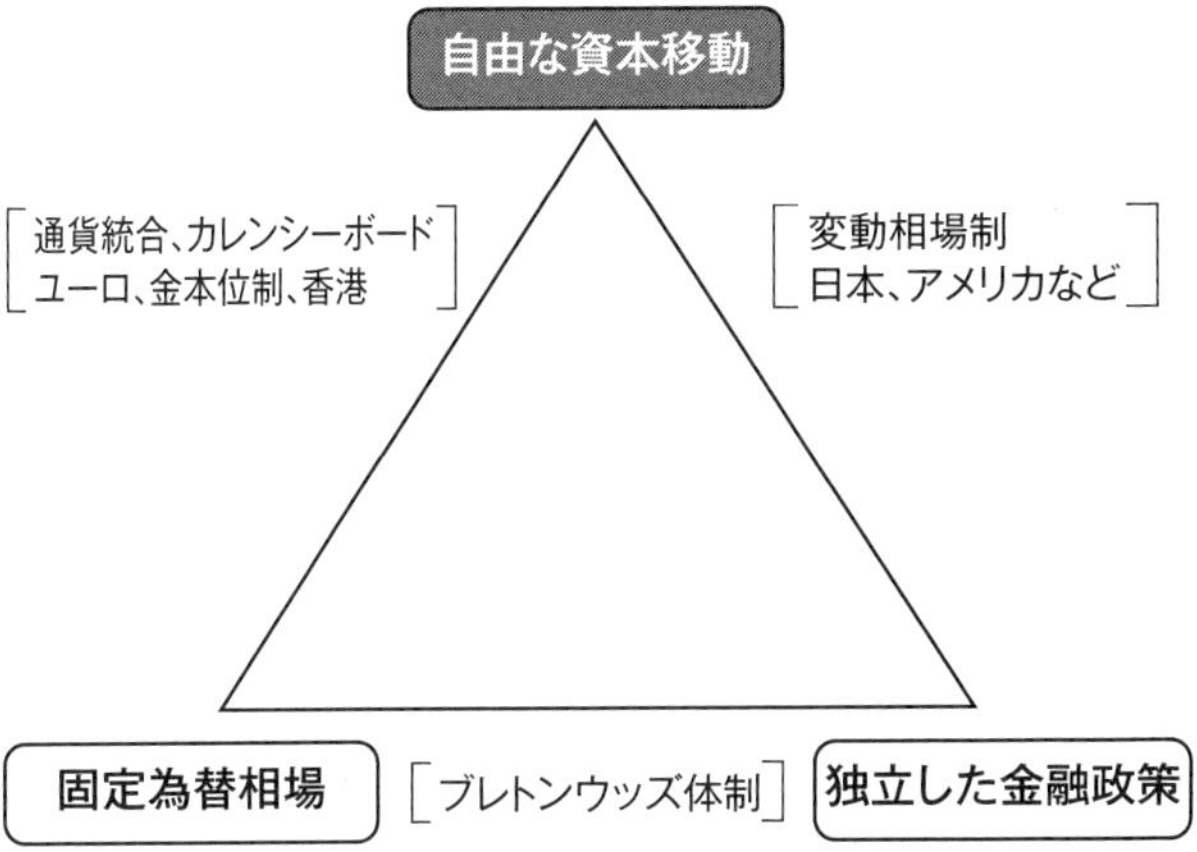

資本移動が自由にできて、固定相場で為替レートが動かずに、国内の景気に応じて何にも左右されずに自由な金融政策をとれれば、経済にとって一番好都合です。しかし、3つのすべてを同時に達成することは不可能です。

最大2つまでしか達成できないとしたら、どれを選ぶのか。

資本主義の場合は、必ず「自由な資本移動」を選ばざるをえません。自由な資本移動は、各国で資本を融通するというもので、これができないと自由貿易体制は成り立ちません。先進国にとって「自由な資本移動」は必ず選ばなければいけない命題です。

資本主義社会では「自由な資本移動」は絶対条件ですから、残りの2つのうち1つしか選べなくなります。

固定為替相場を選べば、為替レートに左右されずに貿易ができますので、輸出入企業にとっては恩恵があります。その代わりに、国内で独立した金融政策を打てなくなります。

一方、変動為替相場を選ぶと、貿易をしている企業は為替変動にさらされますが、国内で独立した金融政策をとることができるようになります。

「固定為替相場」と「独立した金融政策」が両立しない理由は、為替介入です。固定相場というのは放っておいても相場が維持されるというものではなく、相場を維持するために介入し続けなければいけない制度です。

介入のために嫌でも円を刷らなければいけないことがありますので、独立した金融政策を行うことができなくなります。日本の為替介入は円高を阻止する方向に働くことが多いため、円を刷る必要があり、国内はややインフレ気味になります。

高度成長期の日本は、1ドル＝360円という為替レートの下、国内でインフレになるという犠牲を払っても、輸出産業で稼ぐ産業構造でした。圧倒的に有利な為替レートですから、輸出産業が稼ぎまくり、そのお金で賃金を上げて国内で回していました。多少のインフレになっても誰も文句をいわない世界でした。

ただ、固定相場を続けていると、「輸出産業だけに恩恵を与えている」という文句が国内で必ず出てきます。貿易相手国からは「貿易で儲けすぎている」という批判が持ち上がります。

日米間の場合は、日本が圧倒的に有利な為替レートになっていましたので、アメリカの産業が不満を持ち始めました。繊維分野などで貿易摩擦問題が起こり、「不公正な貿易障壁がある」というクレームが多くなりました。

日米繊維交渉をしていた当時は、障壁の原因がよくわからず、双方がかなりエキサイトしましたが、「為替に問題がある」ということをアメリカが認識してからは、為替への圧力がかかるようになりました。

アメリカは1ドル＝360円の不均衡なレートに不満を募らせ、変動相場制へと移行していったのです。

固定相場を維持するには莫大なドル買い介入が必要になる

今、述べてきたように、固定相場制についての最大の誤解は、相場を決めれば自動的に相場が維持されると思っている人が多いことです。何度もいいますが、固定相場制とは、「為替介入をしない制度」ではなく、「常に為替介入をする制度」です。

1ドル＝360円という数字を決めただけでは相場は維持できません。実際には、相場を維持するために猛烈な介入が必要になります。

円安気味になりそうになったら、円を買い込んで1ドル＝360円が保たれるようにします。円高に振れそうなときには、ドルを買いまくって1ドル＝360円を維持します。介入をし続けることで維持されるのが固定相場制です。

詳しい仕組みを説明しますと、相場を維持する責任を負っているのは大蔵省（当時）です。大蔵省は特別会計で外貨を買うために、為券《ためけん》（外国為替資金証券）という政府短期証券を発行します。為券を発行して資金を調達して、その資金で外債を買って、為替相場を維持します。

為券は大蔵省の発行する国債ですが、市中に為券を出してお金を調達すると、国債増発と同じで金利が高くなってしまうことがあります。実体経済に影響が出てしまうといけないので、為券は日銀がすべて大蔵省から買い取っていました。

固定為替相場維持のために、日銀は大蔵省に指示されるままに、円を発行し続けます。日銀からお金が出ていく形になりますので、その分だけインフレ気味になる現象が起こりました。

日銀の独立性などまったくありません。大蔵省が「為替介入する」といったら、インフレになろうがどうなろうが、日銀は円を刷らなければいけなかったのです。「国際金融のトリレンマ」で説明したように、固定相場を維持するために、独立した金融政策が犠牲になっていたということです。

「為替政策」と「金融政策」を別のものと考えてしまう人が多いのですが、実際には表裏一体の政策です。

1ドル＝360円のときには、輸出産業は非常に高いゲタを履かせてもらって有利な取引をしていました。そのゲタを維持するために、日本経済はインフレ基調を甘受せざるをえませんでした。それでも、高いゲタの恩恵のほうがはるかに上回っていたため、国民経済全体がうまく回っていたのです。

一九八五年のプラザ合意までは、実は、実質的な「固定相場制」だった

固定相場を続けている限り、独立した金融政策を打つことはできません。固定相場制から

変動相場制に移行することで、初めて日銀は独立した金融政策をとることができるようになります。

では、いつから変動相場制に移行したのでしょうか。

社会の教科書では一九七三年二月から変動相場制に移行したとされています。しかし、国民には知らされていない裏があります。

制度上は一九七三年に変動相場制になったのですが、実際には猛烈な為替介入が続いていました。「ダーティ・フロート」という裏の介入が続いていたのです。もちろん国民にはわかりにくい形にされていました。

「ダーティ・フロート」を完全にやめて、真の変動相場制に移行したのが一九八五年の「プラザ合意」です。1ドル＝360円時代は、360円から上下への変動をまったく許さない為替介入をし、一九七三年二月からプラザ合意までは、上下への変動をある程度許す為替介入をしていました。プラザ合意以降は「クリーン・フロート」にして為替介入をやめました。

日本が固定相場制から、為替介入しない変動相場制に移行したのは、「一九七三年二月」ではなく、「一九八五年九月」のプラザ合意です。ここを見誤ると、一九七三年から一九八五年までの日本経済を正しく理解できなくなります。

為替介入をやめて変動相場制にすると、為替は計算上の均衡レートとほぼ一致した数値になります。73ページのグラフをもう一度見て下さい。グラフの2つの折れ線が急激に近づいていくのは、一九八五年以降です。それまでは両者には開きがあります。これは介入を続けていたことを意味しています。

整理しますと、

・プラザ合意まで　→　固定相場制（一九七三～一九八五年は実質的固定相場）
・プラザ合意以降　→　変動相場制

となります。

「国際金融のトリレンマ」に則していえば、一九八五年までは固定相場制だったため独立した金融政策をとることができず、一九八五年に変動相場制になってようやく独立した金融政策をとれるようになりました。

「マンデル・フレミング」を知れば、財政と金融のどちらが効果的かわかる

マクロ経済学には「マンデル・フレミング効果」というものがあります。一九九九年にノーベル経済学賞を受賞したコロンビア大学のロバート・マンデル教授と経済学者のジョン・マーカス・フレミング氏による理論です。

単純化していいますと、表1のようになります。

マクロ経済政策には、たった2つの政策しかありません。1つは税金をとって公共投資をする「財政政策」、もう1つは「金融政策」です。

「金融」というと、日本では金融機関と混同されてしまうことがあるのですが、ここでいう金融は「マネタリー」のことです。

英語では、金融政策の場合には「マネタリー（monetary）」が使われ、金融機関の場合は「ファイナンシャル（financial）」が使われます。日本語ではどちらも「金融」ですが、両者はまったく別の概念です。金融政策は「マネタリー」の意味だと考えて下さい。

話を戻しますと、マンデル・フレミング効果は、「固定相場制のときには、財政政策が効いて、金融政策は効かない。変動相場制のときには、財政政策があまり効かなくて、金融政

表1　マンデル・フレミング効果

	fiscal 財政政策	monetary 金融政策
（プラザ合意以前）固定相場制	○	×
（プラザ合意以降）変動相場制	×	○

策が効く」というものです。ただし、変動相場制でも、十分に金融緩和されていれば、財政政策も効きます。

プラザ合意までは、実質的に固定相場制ですから、金融政策は効かず、財政政策が効く状態でした。

そういう意味では、田中政権時代（一九七二年七月〜一九七四年十二月）の「日本列島改造論」による公共投資は間違った政策ではありませんでした。固定相場制のときには、財政政策は効き目があります。

ただ、為替相場の維持のために大量のマネーが市場に出回っており、インフレ気味になっていました。そこに財政政策の効き目が加わったため、効きすぎてしまった面があります。政策手段そのものは間違っていなかったのですが、インフレ状態のところに火に油を注いでしまった形となり、結果的に急激な物価上昇を生み出しました。

「石油ショックで急激なインフレが起こった」はウソ

戦後経済を見るときに、日本人が一番誤解している点は、「石油ショックで急激なインフレが起こった」というものです。これは事実とはまったく違っています。

第一次石油ショックは、一九七三年十月に、中東アラブ諸国とイスラエルの間で第四次中東戦争が勃発したことから始まっています。アラブ石油輸出国機構（ＯＡＰＥＣ）は、イスラエル寄りの欧米や日本向けの輸出を制限して、さらにペルシア湾岸産油国が段階的に原油価格を4倍に引き上げました。この原油価格の高騰は世界経済に影響を与え、日本経済にも大きな打撃を与えました。

この第一次石油ショックをきっかけに激しいインフレが起こり、狂乱物価が生じたと考えている人がたくさんいます。

しかし、インフレの真の原因は石油ショックではありませんでした。主たる要因はマネーの過剰流動性であり、第四次中東戦争勃発以前からインフレは始まっていました。

マネーが過剰になった理由は、為替相場です。一九七三年二月に制度上は変動相場制に移行しており、市場に為替相場を完全に委ねてしまうと、急激に円高に振れるリスクを抱えて

石油ショックが起こると、洗剤やトイレットペーパーなどの買い占め騒ぎが各地で起きた（写真：朝日新聞社/時事通信フォト）

いました。

73ページのグラフを見ていただくとわかるように、一九七三年ごろの均衡レートは140円程度です。

308円の固定相場から一気に140円に近づいていってしまったら、日本の輸出企業はバタバタと倒産してしまいます。これを防ぐために、大蔵省は裏の「ダーティ・フロート」で猛烈な為替介入を行いました。前述したように外債を買うために為券を発行して、日銀に引き取らせる手法で、市場に大量のマネーが供給されることになりました。マネタリーベースが大きく増えたためにインフレが生じたのです。

総務省統計局の消費者物価指数（総合、前

年同月比の推移）を見ると、一九七二年十二月時点では、物価上昇率は5・7％でしたが、翌一九七三年一月に6・7％となり、変動相場制に移行した同年二月には、7・0％になっています。

さらに、物価はどんどん上昇して、8・7％（三月）、9・4％（四月）、10・8％（五月）、11・0％（六月）、11・7％（七月）、11・9％（八月）、14・2％（九月）となっています。石油ショックが起こったのは十月ですが、それ以前にすでに物価は急激に上がり始めていたのです。

マネーが増えていたところに、石油ショックが起こって追い打ちをかけたため、翌一九七四年には各月の物価上昇率がいずれも20％を超えるインフレ状態となりました。

もし、石油ショックが主たる要因だとするならば、石油ショックが起こる以前に物価が急上昇していた理由の説明がつきません。やはり、インフレを生んだのはマネーが過剰になっていたことが最大の要因なのです。

前述のように、為替を円安に維持しようとすると、裏の介入をせざるをえず、結果的に日銀がマネーを大量に印刷するはめになります。金融緩和をしていたのと同じです。為替レートの維持のために、過剰流動性が生まれて、インフレになってしまったというわけです。

事実上の固定相場制を続けようとしたことで、マネーをコントロールすることができなくなり、意図せぬインフレが起こったと考えるとわかりやすいでしょう。一九七三年以降の物価高騰は、石油ショックという外的要因によるものではなく、貨幣的な現象です。

過剰流動性の素地がない状態なら、石油価格の高騰は物価にそれほど大きな影響を及ぼさなかったでしょう。

マネーがあふれているところに石油ショックが「火に油を注いでしまった」というのが正しい認識です。

「スタグフレーション」は供給要因で起こる現象

石油というのは輸入品ですから、石油価格が高騰すると、石油の輸入に代金がとられて、石油以外の物を買うお金を節約せざるをえなくなります。国内の購買力低下につながりますので、普通はインフレよりも不況気味になる可能性のほうが高くなります。

一九七三年の石油ショックのあとにはスタグフレーションが起こっています。スタグフレーションは不況（スタグネーション）とインフレーションが同時に起こる状態です。経済活動は低下して、失業が増加するのに、物価は高騰するのです。

スタグフレーションは、供給要因によって起こる現象です。

経済理論の図で考えるとメカニズムを理解しやすくなります（図3参照）。縦軸が価格（P）、横軸が数量（Q）で、需要曲線（D）と供給曲線（S）があります。DとSが交わったところが、市場で均衡した点で、取引される価格と数量です。

供給が変化せず、需要が高まると、需要曲線が右上にスライドして、D′になります。SとD′の交わっている点が均衡点となり、価格、数量ともに上がります。

スタグフレーションは、需要は変化せず、供給が低下する状態です。図の中の供給曲線SがS′の位置に変わります。均衡点を見ていただくと、価格は上昇していて、数量は低下していることがわかると思います。数量が低下するというのは、生産活動が低下していることであり、経済活動の低下、失業率の増加を意味します。

図からわかるように、スタグフレーションは、需要とは関係なく供給要因で起こる現象です。

スタグフレーションは頻繁に起こる現象ではありません。技術進歩を続けていれば、通常は急に供給が低下することはありません。

戦争など何らかの事情で生産を続けられなくなったとか、天変地異が起こって工場が倒壊

図3　スタグフレーションの経済理論

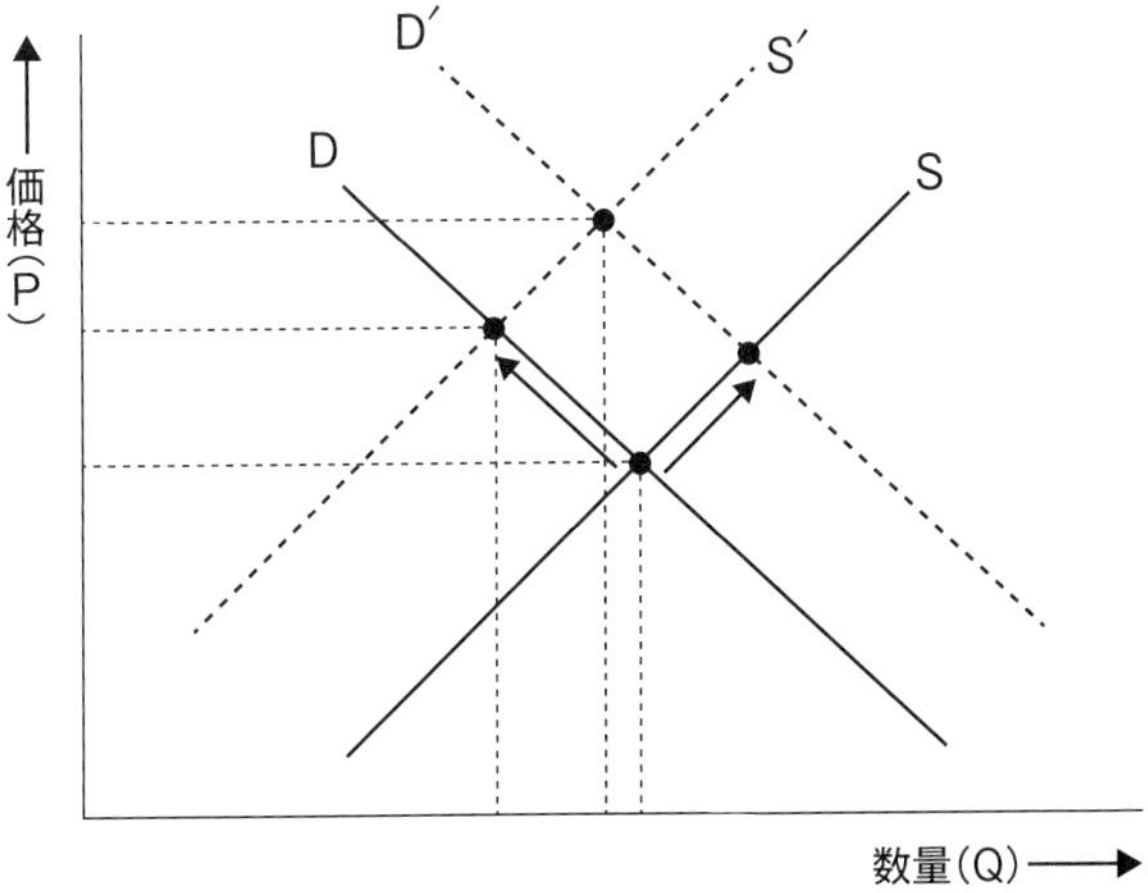

したというようなケースだけです。東日本大震災のときには、東北・東日本の工場は壊滅的打撃を受けましたが、西日本の工場は被害を受けませんでした。もし、全国規模の震災が発生していたら、突然供給が減ってしまった可能性があります。

石油価格が高騰したり原材料の調達が難しくなった場合も、供給を急激に低下させることがあります。石油ショックのときに起こったスタグフレーションもそういった要因によるものです。

スタグフレーションは通常の不況とは異なります。通常の不況は需要の低下によって起こりますが、スタグフレーションは供給要因で起こるからです。天変地異や石油ショックはいつ起こるかわかりませんので、予測の難しい世界です。

アベノミクスを批判する人の中には、「アベノミクスでスタグフレーションが起こるかもしれない」といった人がいましたが、「天変地異が起こるかもしれない」といっているのと一緒で、政策論レベルの話ではありません。今後、天変地異や石油ショックなどが起こればスタグフレーションが起こることはありえますが、アベノミクスとは関係のないことです。

経済理論をきちんと理解しておかないと、わけのわからない論にダマされてしまうおそれがあります。

石油ショック後の省エネにも通産省は何の役割も果たさなかった

石油ショックでエネルギー価格が高騰したため、日本企業は技術革新を進めて、世界に先駆けて省エネを実現しました。

通産省信奉者の人は、通産省が指導して一丸となって省エネを進めたと信じているようです。

しかし、通産省が業界の音頭をとってしまったら、国家ぐるみのカルテルになりかねません。通産省の指示する範囲内でやらなければいけなくなりますので、各社とも創意工夫の範囲が限られます。

実際には、各社がしのぎを削って創意工夫を重ねて、熾烈《しれつ》な競争をしたから省エネ技術が進んだのです。

企業にとって、エネルギー価格の高騰は死活問題ですから、通産省とは必死さが違います。何が何でも省エネ技術を完成させようとします。企業からすると、通産省が外野から口を出すので「うるさい」というふうにしか思わなかったでしょう。最前線で戦っているのは企業ですから、通産省にいわれなくても省エネの必要性はわかっています。

日本が他の先進国よりも早く省エネ技術開発ができたのは、それだけ切実だったからです。

アメリカのように国内に石油がたっぷりとある国では、石油価格が上がってもそれほど深刻にはなりません。

日本の場合は、国内に原油がなくエネルギーの海外依存度が高いので、価格高騰の影響は深刻です。切実度が高いほど、節約しようというインセンティブが強く働きます。それが日本の省エネ技術を高めていきました。

このときの蓄積がその後もずっと受け継がれています。他国も日本に追いつこうと頑張っていますが、日本企業はさらに努力しているため、その差がなかなか埋まりません。おそらくわずかな差だと思いますが、そのわずかな差が非常に大きいのです。

日本が先行する車のハイブリッド技術も、省エネ技術が脈々と受け継がれたものです。ハイブリッド車はリッター40キロを実現しています。ハイブリッド以外の車でも、日本の車は燃費性能が非常に高くなっています。

今でこそアメリカの自動車会社も燃費を気にするようになりましたが、かつては燃費などまったく気にしていませんでした。アメリカではリッター2～3キロの車がたくさん走っていました。

「日本車の燃費がいいのは、通産省の指導があったからだ」と思っている人はまずいないはずです。通産省が省エネ技術開発を主導したわけではなく、各社が競って創意工夫をして、技術を高めたのです。

第4章

プラザ合意は、日本を貶める罠だったのか？

レーガノミクスが生んだ「双子の赤字」でプラザ合意が行われた？

前章でも見てきましたが、ニクソン・ショックによって、一九七三年二月から変動相場制に移行したといいつつ、日本は裏で「ダーティ・フロート」を行っていて、実質的には固定相場制が続いていました。そして、日本国内で発生した様々なインフレも、そのことが大きな引き金となっていました。

しかし一九八五年九月二十二日に、いよいよプラザ合意が行われます。この日、ニューヨークのプラザホテルで、G5（先進5カ国蔵相・中央銀行総裁会議）が行われ、為替レート安定化に関する合意がなされたのです。

これにより、流れは劇的な「円高」に向かいます。プラザ合意の前は、ほぼ1ドル＝235円前後で推移をしていましたが、プラザ合意から一年後には1ドル＝150円前後となったのです。

なぜ、プラザ合意が必要だったか。一般には次のように説明されます。

まず、この段階に至るまでの円ドルレートの推移ですが、一九七三年二月の変動相場制導入直後に1ドル＝260円台まで「円高」となったのち、一九七三年秋の石油ショックを機

ニューヨークのプラザホテルに集まった米、英、西独、仏、日本の各国蔵相と中央銀行代表ら。右端が竹下登蔵相（写真：AFP＝時事）

に再び1ドル＝300円近くまで「円安」となりますが、一九七八年には1ドル＝180円まで「円高」が進んでいました。

ところが、一九八〇年代に入ると、再び「円安」となります。通常、その理由として説明されるのがアメリカ国内で行われていた「レーガノミクス」です。

レーガン政権（一九八一年一月〜一九八九年一月）が誕生する前の一九七〇年代のアメリカは、景気低迷で失業率が高く、インフレ率の高い状態でした。また、生産性が上がらず、一九七〇年代後半の生産性上昇率はゼロに近くになっていました。この状況を変えようとしたレーガン政権は「レーガノミクス」と呼ばれる経済政策を打ち出します。

これは、金融引き締めを行ってインフレを抑制しつつ、減税、規制緩和、福祉関連予算を中心とした歳出削減と軍事費の増大という歳出拡大によって、経済を活性化させながら失業率を低下させようとした政策でした。

ことに、ここでインフレ抑制のために行われた金融引き締めは非常に厳しいもので、アメリカは高金利となります。アメリカが高金利になると、世界中のマネーがアメリカに集中することになります。

そうすると、必然的にドルは高くなります。ドル高になればアメリカ国内の輸出産業は不利となり、輸出が減少します。一方、減税で需要が刺激されていますから輸入が増え、貿易赤字が増大していくことになります。国際収支は大幅な赤字となりました。

さらに、金融引き締めを行う一方で景気を支え、失業率を改善するために軍事費などの財政支出を増大させましたから、財政赤字も拡大しました。世にいう「双子の赤字（貿易赤字と財政赤字）」です。

一九八五年にはアメリカは世界最大の債務国となり、ドルの信認が低下。ここでドル暴落の危機を恐れた先進各国は、協調的なドル安を図ることで合意した――それがプラザ合意であり、ことにアメリカの貿易赤字の中でも対日赤字が大きかったので、円高ドル安にすることが求められたのだ、というのが普通になされる説明です。

プラザ合意までは為替介入していたことを裏づける「円高容認」発言

以上、説明してきたような「通説」だけを見ていると、あたかも、もっぱらアメリカのせいで、日本は円高を呑まされたように思えてきます。プラザ合意は日本を貶《おとし》める罠だったとまでいう人もいます。

しかし、そんなことばかり考えていると、実態を大きく見誤ることになります。

実は、プラザ合意のときに、「円高容認」という言葉が使われました。これは、考えてみれば不思議な言葉です。変動相場制で本当に市場に為替相場を任せていたのだとしたら、「容認」というのはおかしな言葉です。政府が容認しようがしまいが、為替は自由に変動します。

株式市場で株価が変動したときに「容認」という言葉を政府は使いません。株価は市場が決めるものだからです。

ずっと日本政府は「ダーティ・フロート」で介入し続けてきたのですが、一九七三年の変動相場制移行以後は、建前上は政府は為替相場に介入していないことになっています。それで、プラザ合意のときに「裏のダーティな介入をやめます」とはいえず、「円高容認」という言葉を使ったのです。

その点を理解しないと、プラザ合意の意味がわからなくなります。

「プラザ合意以降、アメリカの圧力を受けて政府が介入して円高誘導するようになったから、日本企業は苦しむようになり、長期不況に陥った」と思っている人はたくさんいますが、それは正しい見方ではありません。企業はプラザ合意までは、政府の裏の介入でゲタを履かせてもらっていたけれども、プラザ合意以降は実力で勝負しなければならなくなったというのが真相です。

プラザ合意以降に介入が始まったのではなく、プラザ合意以降は「介入をやめた」のです。政府が為替介入して円安誘導するのをやめて、プラザ合意以降は市場にそのまま委ねる形となりました。

為替介入がなくなると、為替の動きは、よりシンプルになります。

たとえば、金融緩和で円を大量に増やせば、相対的に円の価値が安くなって「円安」になります。逆に、各国が金融緩和をさかんに進めているのに日本が緩和しなければ、円の価値が相対的に上がって「円高」になります。

ちなみに「失われた二十年」は、まさに日本が必要以上に金融引き締めを続けたので「円高」で苦しんだ時期と重なります。ことにリーマン・ショック以後、欧米がそのショックを和らげるために大きく金融緩和に踏み込んだのに、日本銀行がそれを無視したことは致命的でした。いわば「マイナスのゲタ」を履いたようなものです。

前に、「変動相場制では金融政策が効くので重要である」と述べました。プラザ合意以降の二、三年後からその時代です。ところが、「重要な役割」を与えらた金融政策であるにもかかわらず、後の第5章で述べるように、バブルのときに資産価格と一般物価を勘違いして不必要な金融引き締めをするという、ミスを犯してしまいます。そして、日銀官僚の無謬性《むびゅうせい》を保つために、その後もミスをし続けました。これは、日本経済にとって悲劇でした。

市場に委ねられた世界で、当たり前のことを当たり前にしないと、そういう結果を招来してしまうのです。本来ならば、リーマン・ショックの悪影響から最も遠かったはずの日本経済が、塗炭《とたん》の苦しみに叩き落とされてしまいました。そのことは、第6章で見ていくことにしましょう。

「レーガノミクスは反ケインズ政策」は大きなウソ

レーガン政権が推し進めた「レーガノミクス」も、多くの人から誤解されています。

レーガン政権は「小さな政府」を標榜して、歳出削減を目指していましたので反ケインズ的な政策と見られがちですが、実際には典型的なケインズ政策でした。

先ほど述べたように、レーガノミクスとは、一九七〇年代のアメリカの景気低迷・高失業率・高インフレ・低生産性という状況を変えるためのものでした。厳しい金融引き締めを行うことでインフレを抑制しつつ、減税と財政支出（軍事費など）の拡大によって経済を活性化させ、失業率を低下させようとしたのです。

これによってアメリカは高金利となりますが、この高金利について「レーガン政権が推し進めた個人減税が貯蓄を増やすのではなく、消費に回ってしまったため、資金不足に陥ってしまい、アメリカはさらに世界から資金を集めなければならなくなったために高金利を設定したのだ」と説明する論者もいます。

そういえなくもありませんが、それは後づけの見方であり、実態としてはインフレ対策という側面のほうが強いでしょう。それに、レーガノミクスにおける個人減税は、はなから貯

減税についてテレビで説明をするロナルド・レーガン米大統領

蓄を増やすというよりも、需要の拡大を期待するものだったと考えたほうが妥当です。

「レーガノミクスは供給面からの改革だ」と主張する経済学者もいます。減税と規制緩和によって民間投資が活性化され、生産性を向上させる供給面の改革だという論理です。しかし、実際にはレーガノミクスは需要面に影響を与えただけの政策でした。

経済理論的にいえば、政策で供給サイドに影響を与えることはかなり難しいのです。政府は短期的には需要サイドにしか影響を及ぼすことができません。スタグフレーションの説明のところで述べたように、供給は突発的な出来事によって急変することはありますが、通常はゆるやかに長期的に変化するものです。政策で供給サイドを変えようとしてもかなり時間がかかります。

レーガノミクスを詳細に見ていきますと、個人減税は需要をつくり出すための政策でした。企業向けの設備投資減税もしましたが、こちらも基本的には需要を喚起するものです。

政府支出に関しては、福祉関連予算を削った代わりに軍事費を増大させています。軍隊に予算をつけるのは、日本でいえば公共事業と同じです。軍事予算を増やせば、軍人を雇うことができて失業対策にもなります。

レーガノミクスのうち減税も軍事費の拡大も、ケインズの「総需要管理政策」そのものです。総需要管理政策においては、どこにお金をつけるかは関係ありません。軍事だろうと福祉だろうと中身の配分は関係なく、総枠でどのくらい増やしたかがポイントです。

結局のところ、レーガノミクスは総需要管理政策をやったということであり、典型的なケインズ政策でした。

レーガノミクスによって財政赤字が増えましたが、ケインズ政策を行ったわけですから当然の成り行きです。赤字をつくって有効需要を増やしたのです。

レーガノミクスに関しては「規制緩和」もよく取り上げられます。規制緩和はそれなりに効果があるものですが、効果が現れるまでには時間がかかります。中長期的には意味がありますが、短期的な目前の景気とはあまり関係がありません。

レーガノミクスの金融面はミステリアスなところがある

レーガノミクスの金融政策に関しては、ミステリアスな面があります。一九七〇年代のアメリカは必ずしもマネーをたくさん刷っていたわけではないのに、インフレになっていました。その原因はベトナム戦争（一九六〇年十二月〜一九七五年四月）だとする説明もありますが、この時代のインフレについては、私もすっきりとした説明はできません。

マネーが出回っていなくても、みんなが「インフレになる」と思っているとインフレになることはあります。マネーの問題というより先読みの問題です。「これからアメリカはたくさんの物をつくれなくなるのではないか」と考える人が増えると、インフレ気味になってきます。それに、積極的な財政政策なので、需給ギャップ（潜在GDPと現実GDPの乖離）が小さくなってインフレになったという側面もあるでしょう。

レーガン政権は、インフレを抑えるために金融の引き締めをして、それによってインフレはすぐに収まっていきました。対処方法としては間違っていなかっただろうと思います。今から振り返ってみると、インフレを抑えるためにしゃかりきになって、少し引き締めすぎてしまった面はあったかもしれません。

ただ、金融を引き締めた代わりに財政を吹かしましたので、うまく乗り切ることができました。もし、金融引き締めをして財政を増やさなければ、経済が失速状態になっていた可能性があります。

マネーを増やしすぎないようにしながら、財政を吹かして総需要をつくったのがレーガノミクスです。特別な経済政策ではなく、オーソドックスなケインズ政策です。

レーガノミクス自体は悪い政策ではありませんでしたが、「レーガノミクスは反ケインズ政策である」という前口上はデタラメです。立案者が意図していたストーリーとはまったく違ったものになっています。

レーガノミクスがうまくいったとすれば、それはケインズ政策だったから、つまり、有効需要に着目した政策だからうまくいったのです。「レーガノミクスは供給サイドの改革だ」とか「減税で経済が成長する」という理屈づけは間違いです。間違った論理でレーガノミクスを正当化する人がいるために、レーガノミクスはあまり信用されていないのだろうと思います。

減税論者が主張する「ラッファー・カーブ」はデタラメの論理

一九八〇年の米大統領選挙の共和党予備選挙では、ロナルド・レーガン候補とジョージ・H・W・ブッシュ候補が指名争いをしました。予備選挙中にブッシュ候補はレーガン候補の政策に対して、「ブードゥー経済学（呪術経済学、まじない経済学）」といって批判をしました。

最終的には、2人が手を組んで当選し、レーガン大統領、ブッシュ副大統領となりましたので、ブッシュ副大統領がレーガノミクスを批判することはなくなりました。しかし、レーガノミクスを支えた理屈はまさしく「ブードゥー」です。

レーガノミクス信奉者や減税論者が根拠として使う「ラッファー・カーブ」の理屈は、デタラメとしかいいようがありません。

図4に示したのが「ラッファー・カーブ」です。横軸が税率、縦軸が税収です。

税率がゼロ％なら税収はゼロ、税率が100％になると経済活動がなくなりますから、税収はゼロです。税率が中間くらいのところが税収が一番高くなります。ここまでの理屈は間違っていません。

図4　ラッファー・カーブ

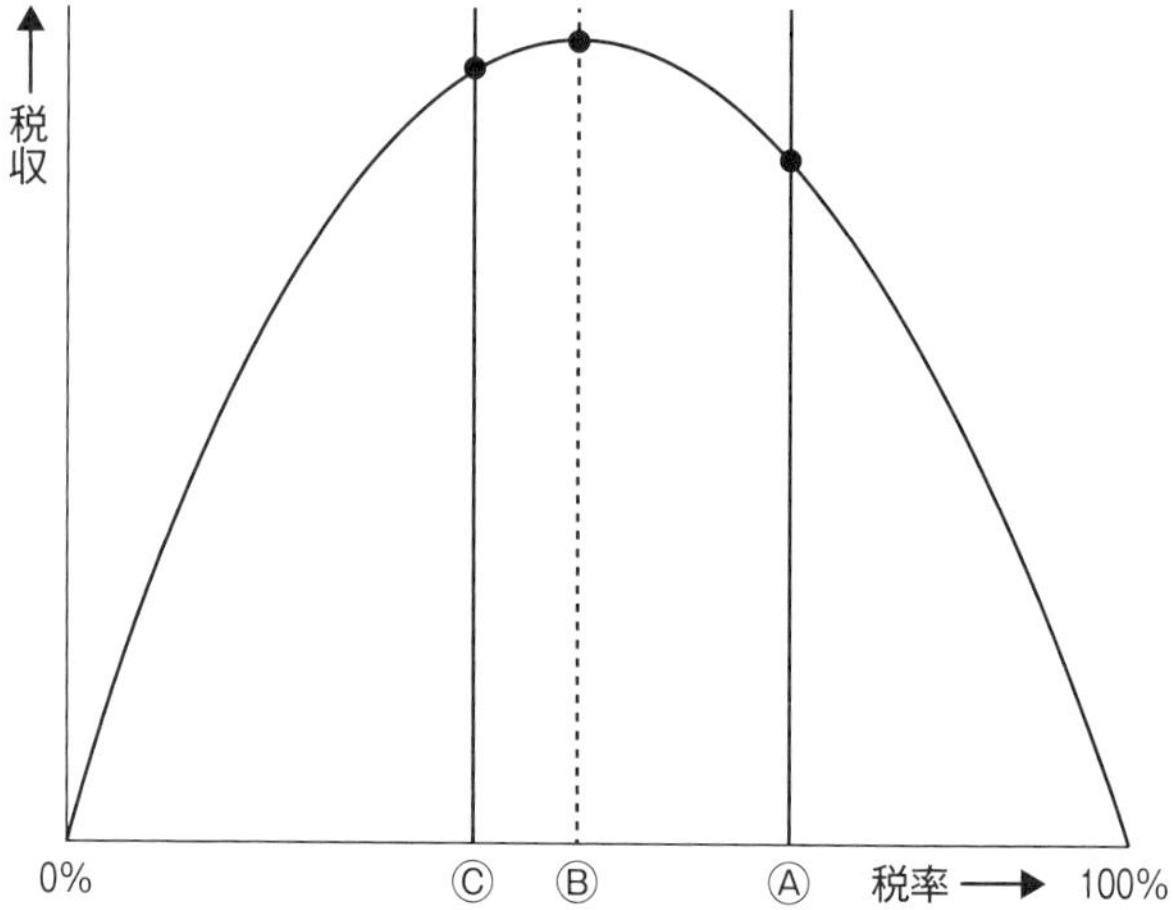

しかし、ここからウソの理屈が始まります。レーガノミクス信奉者は、図のカーブのうち、Aの位置よりも、Bの位置のほうが税収が高くなるから、減税が必要だと主張します。「今は税率が高くて税収が低い。だから減税をすべきである。そうすれば税収も上がる」というのです。

どこがウソかというと、現在Aの位置にいるとは限らないからです。Cの位置にいるのだとしたら、税率を下げれば税収は下がります。

また、カーブの形が正しいかどうかもわかりません。図5に示した形のカーブになっているかもしれません。図5のカーブであれば、現在Aの位置にいて、減税をしてBの位

図5　別の形のラッファー・カーブ

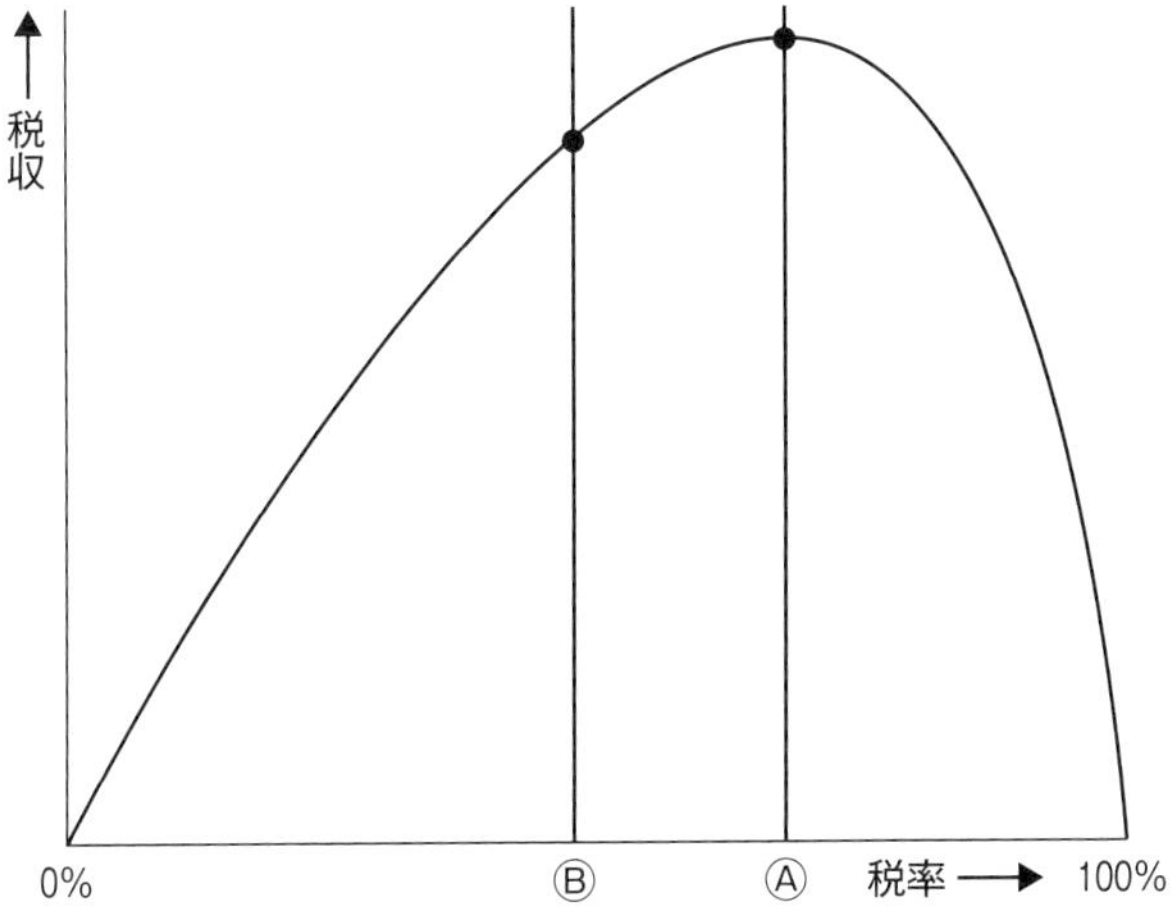

置になれば税収は下がります。

そもそも、税収は税率との関係だけで決まるものではありません。税率よりも、経済成長率のほうが大きな影響を及ぼします。経済が成長していれば税収は上がり、経済が低迷すると税収は下がります。

最大の要因を考慮せずに、税率だけで因果関係をつくりあげてしまっているところが、デタラメのロジックなのです。税収の9割ぐらいは経済成長率で決まることは、実証されています。

数式で書くと、すっきりします。R（税収）、t（税率）、g（経済成長率）とすると、「ラッファー・カーブ」の関数は、

R＝f（t）

です。しかし、本当の関数は、

R＝f（t，g）

です。このうちg（経済成長率）が9割くらいのウエートを占めています。t（税率）の影響は大きくないのです。

ただし、税率と経済成長率は独立した変数ではなく、税率が経済成長に影響を及ぼすことがあります。一般的には、増税すると経済成長率が低下する可能性が高くなります。では、減税すれば経済成長率は高まるのでしょうか。必ずしも、そういえないところが難しい点です。減税すると経済が伸びるときもありますし、伸びないときもあります。

レーガノミクス信奉者は、「減税すると税収が伸びる」との主張に加えて、「減税すると経済が伸びる」と主張します。そこが怪しげな点です。

減税によって経済が伸びるか、伸びないかは、経済環境次第でしょう。

さらにいえば、私は税金には重きを置いていません。マクロ経済政策によって経済成長させることを主張しているだけです。経済成長すれば、経済活動が活発になる分、付随的に税収が増えますから、税収のことなど事前に考慮する必要はないのです。

冷戦で西側が勝利したのは、経済パフォーマンスの差

一九八五年にゴルバチョフがソ連共産党書記長となり、ペレストロイカ（政治・経済の立て直し改革）を推進しますが、一九八九年にはポーランド、ハンガリー、チェコスロバキアなどで共産党体制が崩壊。東ドイツ国民らもハンガリーなどから一斉に国境を越えて西ドイツに脱出するようになり、一九八九年十一月には東西ドイツを分断していた「ベルリンの壁」が崩されることになります。そして同年十二月、マルタ島でゴルバチョフ書記長とアメリカのブッシュ大統領が会談し、第二次世界大戦以降、国際社会に大きな影響を与えてきた東西冷戦が終結しました。

冷戦が西側の勝利に終わったのは経済パフォーマンスの差であった、といってもいいと思います。資本主義国のほうが社会主義国よりも経済パフォーマンスが良かったために勝利したのです。

もし、資本主義国の経済パフォーマンスが悪く、失業者を増やしていたら資本主義国が勝ったかどうかはわかりません。資本主義が積極的に勝ったというより、共産主義の経済運営よりは効率が良く、失業者の増加も少なく抑えることができたため、負けずにすんだというのが実態でしょう。

資本主義は問題の多い制度ですから、運営がまずいと恐慌になってしまう可能性があります。しかし、社会主義より修正が利きやすいので、うまく運営すれば社会主義より経済パフォーマンスが良くなります。資本主義は100点ではないけれども、落第点ではないレベルです。

社会主義と資本主義の違いは「ミクロ経済学の領域」への政府の介入の度合いの差です。官僚がミクロに介入して賢く運営しようとするのが社会主義です。一方、官僚はマクロのことだけをやり、ミクロのことは分権化して市場に任せるのが資本主義です。

官僚が細かいことまで賢く運営するのは極めて困難です。どんなにスーパーマンのような官僚でも、末端の取引のことまで全部わかるはずがありません。データを集めるだけでも大変で、それだけで頭が痛くなってしまうような世界です。

官僚がミクロのことまで全部取り仕切ることはできないと考えて、分権して市場に任せるのが資本主義です。

私はもともと理系の人間なので、理科の法則で物事を考えます。社会主義がうまくいかないことは、物理の発想で直感的にわかっていました。

物理学には、分子の1つひとつの動きをすべて運動方程式で記述できれば、世の中の物事が完璧にわかるという「ラプラスの悪魔」という命題があります。頭の中で考えると実現可能であるかのように思えます。

しかし、現実には計算することが多すぎて、その命題を解くことは実行不可能であることが証明されています。どんなに高速のスーパーコンピュータを使っても時間がかかりすぎて計算できないのです。

また、物理学には「二体問題」というものもあります。2つの問題はうまく解くことができるのですが、3つ、4つと増えるにつれて計算がものすごく大変になり、三体問題、多体問題は特別なケースを除いて解けないことがわかっています。

物理学では、すべてのことについての計算はできないので、全体のざっくりした法則を研究対象とするようになりました。

そのような物理学の法則を知っていましたので、経済学を最初に習ったときに「社会主義はうまくいかないだろう」と感じました。

左派経済学者の人たちは、物理学の法則はあまりご存知ないでしょうから、社会主義が可能であると思ったのでしょう。社会主義体制下で官僚がやるべきことは10個や20個のレベルではありません。価格設定から、資源分配、技術開発など膨大な処理事項を、一部の官僚たちだけの力で、うまく関連づけながら「最適」な形に持っていくことなど、到底不可能です。人知の計算能力をはるかに超えています。

社会主義は、官僚に無限の計算能力があると仮定しなければ、成立しないシステムです。資本主義には問題が多いとしても、ミクロのことは分権化して市場に任せたほうが効率的なのです。

日本が経済成長できたのは、社会主義より相対的にパフォーマンスの良い資本主義システムを選択したからです。また、通産官僚などが業界指導したように見せながら、実際には民間企業が自由にやってきたからです。

「前川レポート」はただ状況の変化をなぞっただけのもの

ところで、東西冷戦が終焉に向かう時代の流れは、日本に思わぬ余波をもたらすことになります。アメリカ国内で、「ソ連が崩壊したあとの最大の脅威は経済大国・日本だ」という声が澎湃《ほうはい》として湧き上がってきたのです。それだけ、日米の経済摩擦は厳しいものとなっていました。

そうなってしまった原因の1つとして、もちろん、本章で見たようなレーガノミクスの問題もあります。しかし何より、日本が「ダーティ・フロート」で為替レートのゲタを履き続けて、アメリカに対して圧倒的に有利な条件で競争を続けてきたことが、不必要なまでの反発を招いてしまったとも考えられるでしょう。やはり、どこか恣意的で無理のある歪んだ経済運営は、様々な問題を引き起こしてしまうのです。

日本からすれば「ダーティ・フロート」は、「1ドル＝360円」という幸福な時代からの移行期のものだったとはいえます。しかし、結果的にはそれが、アメリカをはじめとする諸外国のフラストレーションを高めてしまうことになったのです。

プラザ合意翌年の一九八六年には、中曽根康弘政権の私的諮問機関である「国際協調のための経済構造調整委員会」（座長・前川春雄日銀総裁）が、報告書を発表します。世にいう「前川レポート」です。

その内容は以下のようなものでした。

1. 内需拡大
2. 国際的に調和のとれた産業構造への転換
3. 市場アクセスの一層の改善と製品輸入の促進等
4. 国際通貨価値の安定化と金融の自由化・国際化
5. 国際協力の推進と国際的地位にふさわしい世界経済への貢献
6. 財政・金融政策の進め方

細かい内容を省いて簡単にいえば、内需拡大のための政策提言がされたと見ればいいでしょう。

前年の一九八五年にプラザ合意があり、為替が完全に自由化され、政府の介入はほぼなくなりました。言い方を変えると、輸出企業が履いていた高いゲタがなくなったということです。

もともと日本は内需の大きい国であり、それほど外需の比率は高くありませんでしたが、有利な為替相場を使って外需によって猛烈に儲けることができていました。しかし、プラザ合意でゲタを脱ぐことになったので、もう外需で大儲けをすることはできなくなりました。

それに合わせて内需で儲ける経済構造に変えざるをえなくなります。それで、前川レポートで「外需で儲けられなくなったから、内需を頑張りましょう。為替を自由化したから、他の分野もそれに合わせた対応をしていきましょう」という提言が出されたのです。

意味合いとしてはそれだけのことですから、実際には前川レポートは大した役割を果たしていません。それでも、時の中曽根首相はこの内容をレーガンに伝え、レーガンもこの報告を評価したといわれます。

しかし、考えてみれば、この提言もある意味では、「どこか恣意的で無理のある歪んだ経済運営」だといえます。レポートをまとめて「内需拡大をする」と国際的に訴えるのはいいとして、では日本政府として、どうやってそれを実現するというのでしょうか。

結局、日本は「口ばかりでやる気がない」などと、さらに批判されることになります。

「貿易の自由化」のために「金融の自由化」が必要になった

ところで、前川レポートには「金融の自由化・国際化」もうたわれています（上述の4）。

稀に、「金融自由化や規制緩和、市場開放政策によって、ハゲタカのような外国資本が日本市場に進出しやすくなり、日本経済が食い荒らされた」などという陰謀論めいたことをいう人がいますので、一応、ここで金融自由化の背景と実際を説明しておきましょう。

「金融自由化」は、「貿易の自由化」と切っても切れないものです。

日本では貿易の自由化はかなり早い時期に進みました。一九六四年の東京オリンピックのころには貿易自由化率は90％を超えています。

実物経済の裏側には金融がありますので、金融の自由化も進めていかないと、貿易はうまく回らなくなります。

多くの場合、金融経済は実物経済に遅れてあとからついていく形になります。金融経済の改革のほうが政策としては実行しにくいので遅れがちになるのです。アメリカやイギリスが金融自由化を進めたのも、貿易自由化からかなり経ってからのことです。

「国際金融のトリレンマ」のところでも述べましたが、資本主義国にとっては「資本移動の自由」は必須の命題です。

資本移動の自由とは、資本を各国で融通するという話です。資本がどこかの国に偏在してしまうと、実物経済の貿易の自由化を担保できなくなります。貿易の自由化を進めるには、資本移動の自由が不可欠です。

資本移動の自由を推進していくうえでは、各国の金融市場の自由化が必要になります。各国の国内金融市場が自由化されていないのに、他国と自由な資本の融通をできるはずがありません。

つまり、経済の流れとしては、貿易の自由化が進み、それを支えるための資本移動の自由化をいっそう進めなければいけなくなり、各国が金融市場を自由化する必要に迫られるということです。

それゆえ各国とも一九八〇年代、一九九〇年代に金融自由化を進めていきました。

「金融ビッグバン」は、小さなことを役人が大げさにいっていただけ

日本では一九九六年から二〇〇一年にかけて金融制度改革が行われました。世にいう「金融ビッグバン」です。

このとき、金融自由化と称して、銀行と証券の「壁」をなくして相互参入できるようにしていきましたが、実際には、日本には「壁」などというものは存在していませんでした。

なぜなら、「銀行は銀行、証券は証券」という建前はありましたが、昔から銀行は銀行系証券を持っていたからです。私は、一九九〇年代に大蔵省証券局にいて、銀行系証券も担当

していましたので、その実態を知っていました。

　当時の旧社名になりますが、新日本証券と和光証券は日本興業銀行の系列、日本勧業角丸証券は第一勧業銀行の系列、菱光証券は三菱銀行の系列でした。

　銀行の持ち株規制がありましたので、実態は銀行の子会社ですが、表面的には子会社に見えないようになっていました。銀行は証券子会社の株式を直接保有してはいませんが、迂回して保有していました。

　また、銀行から銀行系証券に天下っている人がたくさんいました。出向という形にするとよくないので、退職した形にしてから入るなど、かなり気を遣っていました。

　しかし、名前を見れば想像はつくはずです。日本勧業角丸証券には「勧業」の文字が入っていますし、菱光証券には三菱の「菱」の文字が入っています。薄々わかっているのですが、お互い、その点には触れないようにしていました。

　私は担当者でしたので、各銀行系証券の役員の経歴もわかっていました。表の経歴には出ていませんでしたが、過去に親銀行で勤めていた人がたくさんいました。

　それでも、銀行の人は証券参入を認めてほしいと思っていたようです。銀行の人が「証券業務をやりたいんです」といってきたときに、「もう、やってるじゃないですか」というと、

「いや、あれを正々堂々とやりたいんです」といっていました。

大蔵省証券局の幹部の中には、銀行の証券参入という「金融自由化」を本気で心配している人もいました。そこで、私は実態調査をして証券局の幹部に伝えました。そうすると、「ああ、そうだったのか。もう参入しているのか」と懸念が払拭《ふっしょく》されたようでした。銀行系証券の実態について行政内部で共通認識を持ちました。

銀行の証券参入は単なる看板の掛け替えにすぎないことがわかっていましたので、私が証券局を離れたあとのことですが、銀行の証券参入が認められることになりました。

もちろん、外向けには行政がものすごいことをやったかのように宣伝し、マスコミは「金融ビッグバン」とか「銀行・証券の相互参入」と大々的に書き立てました。しかし、実際にはずっと前からやっていることなので、大した話ではなかったのです。迂回して持っていた株をダイレクトに持てるようになったというだけです。あとは看板の書き換えです。たとえば、「菱光証券」は「東京三菱パーソナル証券」と看板を書き換えて、堂々と銀行系列を名乗れるようになりました。

業界内部ではビジネスのやり方が多少変わるということはあったでしょう。銀行が傘下の証券会社を堂々と紹介できるようになった面はあると思います。

しかし、「金融ビッグバン」と称するほどのことは何もなく、マクロ経済にはまったく影響のないものでした。

大した変更ではないとわかっているのに、一応、大手証券の人は反対しました。「銀行の証券参入が認められたら、我々にとって死活問題だ」と大げさにいってくれたので、マスコミが錯覚して大々的に取り上げてくれました。

役所が「改革」という言葉を使うときは、ほとんどの場合は実質的には何も変えていません。大げさに宣伝して、やったふりをしているだけです。

そもそも、本当にドラスティックな改革をするのであれば、抵抗が強くて大騒ぎになります。仮にやるにしても、実現までには相当な時間がかかります。無理にやろうとすれば、不測の事態が起こったり、思わぬトラブルが生じたりしかねません。そうなると困るので、あまり変化が起こらないようにやることがよくあります。

何年か経つと「何も変わっていないじゃないか」と批判を受けますが、それはそうでしょう。初めから何も大きく変わらないようにやっているのですから。

役所のいう「改革」とは、10％くらい変えて、90％は変えないものと思っておいて、ちょうどいいくらいでしょう。役所はマスコミには、50％以上変えるかのように大げさに伝えますので、すごいことが起こるように思えるかもしれませんが、ダマされてはいけません。「金融ビッグバン」も、さも改革が行われたかのような大げさな言葉ですが、実態はあまり大きく変わっていません。

そもそも金融機関の経営はミクロの話です。金融機関の相互参入が認められようと、そうでなかろうと、マクロ経済にはさほど関係がありません。ミクロ経済の金融業界の話とマクロ経済の金融政策の話は明確に分けて考えないと、混乱してしまいます。

第5章

「バブル経済」を引き起こした主犯は誰だ？

バブル経済になったのは、プラザ合意対策のせい？

一九八五年のプラザ合意から時を経ずして、日本は「バブル景気」に突入していきます。一般にバブル期とは、一九八六年十二月から一九九一年二月までの五十一カ月だとされます。プラザ合意によって「ダーティ・フロート」をやめた日本国内では、むしろ「円高不況」が心配されていました。プラザ合意の前には1ドル＝235円前後だったものが、一年後には1ドル＝150円前後になったのですから、その心配ももっともです。

では、それなのになぜ、日本はバブル経済に突入したのでしょうか。

プラザ合意の直後にバブル期が始まったので、「バブルが起きたのはプラザ合意のせいだ」とする意見も数多くあります。それは、こんな理屈です。

日本銀行は一九八五年のあいだは、公定歩合（＝当時の政策金利）を5・00％（一九八三年十月～）から下げませんでしたが、一九八六年一月に4・50％、同年三月に4・00％、同四月に3・50％、同十一月に3・00％と引き下げ、一九八七年二月には当時史上最低だった2・50％まで持っていきます。

しかし一九八七年になると、国際的にドル安の行き過ぎが懸念される状況になり、折しも日本の公定歩合が引き下げられた二日後の同年二月二十二日に、フランスのルーブル宮殿でG7（先進7カ国財務相・中央銀行総裁会議）が開催されて、「為替レートを当面の水準で安定させる」という「ルーブル合意」が行われます。

円高不況は一九八七年には回復基調に入っていたものの、このルーブル合意によって、日本はドルを支えるために利上げをしにくくなりました（利上げすれば、さらなる円高・ドル安への圧力になってしまうため）。結局、一九八九年五月に3・25％に引き上げられるまで、公定歩合は低いまま据え置かれることとなり、この「金融の超緩和」が不動産や株式に対する過剰な投機を促し、バブル景気をもたらした――というのです。

この見方は、果たして正しいのでしょうか。

バブル期は、株と土地以外は「超フツーの経済」だった

一九八〇年代後半の「バブル期」ほど誤解されているものはないと思います。バブル期には何でも価格が上がり、著しいインフレが起こっていたかのように思っている人がたくさんいます。

しかし、現実は違います。価格が上がっていたのは土地や株式など一部の資産価格だけで

す。一般物価はそれほど上がっていませんでした。

「バブル期はものすごく経済の調子がよく、経済成長率も非常に高かった」という認識も誤りです。当時の経済成長率は、先進国水準ではごく平均的なものでした。

実際の数字を見てみましょう。

一九八七年から一九九〇年までの経済状況は次のようになっていました（表2）。

実質GDP成長率は4・2〜6・2％であり、それほど高いわけではありません。毎年のように10％を超えていた一九六〇年代の高度成長期とは比べものになりません。

物価上昇率も0・1〜3・1％ですから、健全な物価上昇の範囲内に収まっています。一九七四年の狂乱物価のときには、年平均23・2％の物価上昇率でしたから、こちらも比べものになりません。

今から振り返って見ると、とても健全な経済であり、いわば「フツーの経済」です。バブル期はネガティブに見られることが多いのですが、マクロ経済指標では異常な要素は見当たりません。

一般物価を見る限り、狂乱物価でもなくバブルでもありませんでした。

表2　マクロ経済指標

	1987年	1988年	1989年	1990年
名目GDP成長率	4.3%	6.9%	7.0%	7.5%
実質GDP成長率	4.2%	6.2%	4.8%	5.1%
失業率	2.8%	2.5%	2.3%	2.1%
物価上昇率	0.1%	0.7%	2.3%	3.1%

では、何が「バブル」だったのか。異常に高騰していたのは、株価と不動産価格です。

日経平均株価は一九八六年には1万5000円程度でした。一九八七年十月十九日にブラックマンデーがあり一時株価を下げましたが、その後、株価は急騰していきました。一九八九年十二月二十九日の大納会の日には3万8957円の史上最高値をつけています。

年が明けると一転して株価は下がり始めます。一九九〇年末にかけて2万3000円程度まで一気に下がり、一九九二年初めには2万円を割り込みました。二年ほどで最高値から半分になってしまいました。この間に高値で株をつかんだ人は大きな含み損を抱えることになりました。

土地の価格も異常に上がりました。土地の価格は、株価より一～二年遅れて一九九一年ごろにピークを迎えています。

都心では地上げや土地転がしなどが横行し、都会の小さな土地が高値で取引されました。狭小な土地は一定規模の大きさにまとめて転売され、転売に次ぐ転売で異常なほどに値を上げていきました。その土地を担保に金融機関は融資をしました。その資金が不動産市場に流れ込むというスパイラル状態でした。

バブルがはじけて以降は、土地の価格が下落して土地は担保価値を失いました。金融機関は融資の回収を急いだものの、回収しきれずに多額の不良債権を抱えることになりました。

このように株と不動産に関しては、異常な状態でした。その一方で、GDP成長率、物価上昇率、失業率などマクロ経済のほうは至って健全でした。

片方は極めて異常で、もう一方は健全な状態です。この状況を当時の日銀は正しく分析することができませんでした。両者を分けずにまとめて1つの経済状態と考えてしまったのです。そのため、インフレではないにもかかわらず不要な引き締めをすることになり、以後、それを正当化するための施策が続くことになるのです。

「バブルかどうか」は当時は誰にもわからなかった

バブル期は社会的には異様な状況でした。私が見聞きした範囲でも、今では考えられないものがありました。

当時、私は大蔵省証券局にいましたが、あるとき新興の証券会社から「ディーリングルームの視察に来て下さい」といわれました。視察を断るわけにもいかないので行ってみると、体育館のようなものすごく大きなディーリングルームでびっくりしたことがあります。新興の証券会社はやることが派手でした。

各省庁の官僚に対する接待もエスカレートしていきました。霞が関の道路にはハイヤーがたくさん停まっていました。ほぼすべて接待のハイヤーのはずです。「仕事が終わったらいつでもいいので乗って下さい」といわれて、ハイヤーに乗ると接待会場に連れて行かれたと聞いたことがあります。

私も上司のお供で義務的に接待に呼ばれたことがありますが、酒を飲まないほうなので、けっこう苦痛でした。官僚たちがツケで飲める料亭もあって、飲みに行っている人もいました。

一度、ある大蔵省の幹部の手帳を見せてもらったことがありますが、接待の予定が毎日3件くらいずつ入っていて、半年先まで埋まっていました。接待を受ける側も体がタフでないと、とてもやっていけません。

銀行・証券の人たちも好きで接待しているわけではなく、会社のためと思ってやっていたのだと思いますが、バブル期の銀行・証券の接待は異様な状態でした。それが行き過ぎてしまって大蔵省接待スキャンダルにつながっています。

しかし、当時は誰も「今はバブルだ」とは思っていませんでした。バブルは、あとになってからでないと気がつかないのです。

FRBのグリーンスパン元議長は、「バブルは、崩壊して初めてバブルとわかる」と述べています。まさにその通りで、崩壊してからでないとバブルには気づけないものです。

バブルはめったに起こらない現象のようにいわれていますが、実は世界ではよく見られる現象です。不良債権問題が生じたかどうかでバブルの有無を判断するのなら、先進国に限らず世界のほとんどの国で頻繁に起こっています。

IMF（国際通貨基金）のレポートによると、一九七〇年から二〇〇七年までの約四十年間に、不良債権問題による銀行危機が124例も発生しています。同レポートでは、日本の銀行危機の際の財政コストはGDPの14％、生産損失はGDPの18％だったとされています。

世界各国の銀行危機の平均的な財政コストはＧＤＰの13％、生産損失はＧＤＰの20％となっていますから、日本のバブル崩壊による損失は世界の平均的な数字でした。

歴史上有名なバブルとして、チューリップ・バブル（十七世紀、オランダ）や、ミシシッピ計画（十八世紀、フランス）、南海泡沫事件（十八世紀、イギリス）などがありますが、日本のバブルはそれらの歴史的なバブルと並べられるような大きなものではありませんでした。

いかにバブルが世界中でしばしば起こっている現象かを痛感させられたことがあります。かつて私は世界銀行で「日本のバブルはこんなにすごかった」と自慢げに話しました。すると、各国の人から「うちの国では3回もバブルがあった」「いや、うちのほうがもっとバブルだった」といわれて、バブル自慢合戦のようになってしまったのです。

それほど頻繁に起こっているにもかかわらず、事前にバブルに気づくことはできず、あとになって「あれはバブルだった」とわかります。

もしバブルを予測することができるのであれば、その人は大金持ちになっているはずです。借金をしてでも高騰しそうな株や土地を買うでしょう。予測ができるのなら回避もできますが、バブルを予測して防ぐことは地震予知のようなレベルの難易度です。現実的にはバブルの回避策はまずありません。

それでも、バブル期のことを学んで教訓にすれば、バブル発生後の早い段階で気づくことはできるかもしれません。

なぜバブルが発生し、崩壊したか、どんなバブルだったのかを分析しておくことは重要です。

当時、大蔵省証券局に在籍していた私は証券局内部のことを知っていますので、バブルの核心について触れたいと思います。

法律の不備をついて証券会社がデタラメなことをやっていた

私は証券局の業務課（証券会社の指導監督をする部署）に在籍していました。そこで目の当たりにしたのは、ほぼ違法ともいえる証券会社の営業の実態でした。

証券会社の営業担当者は、顧客に対して事実上の損失補塡を約束しながら株式の購入を勧めていたのです。しかも、株式購入資金を顧客の自己資金でまかなうのではなく、銀行が融資するパターンも横行していました。株式の購入に限らず土地の購入でも、銀行が融資するパターンはよく見られました。

当時、株価が急騰していましたので、私は株価が上がっている原因を探ろうと思って調べ

1988年4月、株価が一時史上最高値を記録し、沸き立つ東京証券取引所。だが、実は急騰していたのは資産価格だけだった(写真:時事)

てみました。株式売買回転率を調べると「ファントラ」と「営業特金」の回転率だけ異常に高い状態でした。

「ファントラ」とはファンド・トラストの略で、具体的な運用方法を信託会社に任せる金融商品です。「営業特金」の特金とは、特定金銭信託の略称で、証券会社の勧める財テク手法として当時流行っていました。

法形式は違いますが、経済的な中身はほぼ同じで、実質的に証券会社や信託銀行に運用を委託する方法です。

私は、なぜファントラ、営業特金は顧客からの注文をたくさんとれるのか不思議に思いました。さらに調べていくと、企業が証券会社の勧めで財テクに走っているのは「抜け道」があるためだと気づきました。

企業が特金を設定して、本体で所有している有価証券を特金に移管すると、本体が所有している有価証券の帳簿価格を変えずに有価証券運用をできるメリットがありました。つまり、企業の保有する有価証券に莫大な含み益が発生しても、その含み益を顕在化させない形で運用できるのです。

これは「簿価分離」といいますが、税制上の不備です。簿価分離の制度がかなり昔につくられたものだったので、抜け道があるとは税務当局は気がついていませんでした。税制の不備に気がついた証券会社の人たちが簿価分離を利用することを考えついたのです。誰が始めたのかはわかりませんが、大手証券4社ともにやっていましたので、営業活動の中から自然発生的に出てきたものかもしれません。

証券会社の営業担当者は「いくら売却益が出ても、本体の含み益は別だから大丈夫です。含み益を出さなくてもいいんです」といって売り込みをかけていました。

証券会社の営業担当者は事実上の損失補塡もしていました。「もし損が出ても大丈夫です」と口約束をしたり、名刺の裏に一筆書いていたりしました。さらにニギリといって、事実上の利回り保証もしていました。営業担当者としては「利回りはこのくらいになりますよ」といわなければ話を聞いてもらえません。しかし利回り保証は禁止されていますので、名刺の裏にこっそりと書いて渡していたのです。

売買一任は禁止されていましたが、法令の不備があり、営業特金は野放しの状態でした。また、法令上、事前の損失補塡は禁止されていましたが、事後の補塡を禁止する明文上の規定がなかったため、その点でも法令の不備がありました。

証券会社は、営業特金とともに時価発行増資（エクイティ・ファイナンス）も顧客に勧めていました。その裏で他社の営業特金のファンドを使って、その会社の株式を買い上げます。そうすると、その会社の株価が釣り上がって、時価発行増資をするときに莫大な資本がタダ同然で手に入ります。

時価発行増資で多額の資本を得られるうえに、財テクでも大きな利益を得られます。その財テクは、事実上の利回り保証と損失補塡を約束してもらっていますからノーリスクです。その資金は銀行が融資してくれます。つまり、元手なし、リスクなしで、多額の利益だけが入ってくる仕組みです。企業にとってこれほど大きなメリットのある取引を証券会社は持ちかけていたのです。

おいしい仕組みですから、財テクをしたい企業からの注文が次から次へと証券会社に入っていました。営業特金とファントラが異常に高い株式売買回転率を示していたのは、このようなカラクリがあったためとわかりました。

株価が急騰していたのは、マネーがあふれていたからではなく、異常な回転率の高さからでした。それにつられて、一般投資家も「もっと値上がりする」と思って株に手を出していました。

この財テクの仕組みはどう考えても正常ではありませんし、事実上の法令違反でもあります。証券会社は営業特金をクロスさせてわからないようにしていました。A社の資金でB社の株を買って値を上げ、B社の資金でA社の株を買って値を上げます。A社もB社も自社の株価が上がっているので、時価発行増資をすると多額の資本を得られます。実態としては、それぞれの会社が自社株を買って値を釣り上げているのと同じです。打ち出の小槌《こづち》のような資金調達法です。

私が知る限り、この問題に気がついている人は1人しかいませんでした。それは日本経済新聞の証券金融のスペシャリストの記者です。家業を継ぐために記者を辞めてしまいましたが、彼だけは営業特金の仕組みをきちんと理解していました。その人から全体の仕組みを教えてもらって、それを頭に入れながら証券検査をしましたので、実態をつかむことができました。

このような取引が横行しているのは、法令の不備が原因と思われますから、私たちはすぐに対処しなければならないと考えました。

あと少し通達が遅れていたら、証券会社は大クラッシュしていた

私たちは証券検査でつかんだ実態を上司に報告しました。すると上司から、証券会社の営業姿勢を改める規制をつくるように命じられました。国税庁のほうも税法の不備に気づいて動き出そうとしていました。

やらねばならないのは、営業特金に一定の規制をかけ、事後的な損失補塡を禁止することです。しかし、これを法改正でやっていては間に合いません。

実は、この仕事は時間との闘いでした。株価が上がり続けていたために問題が起こっていなかっただけで、もし株価が下がり始めたら、本当に証券会社が保証をせざるをえなくなります。一気に証券会社がクラッシュしてしまうかもしれません。証券会社にとっては切迫した状態だったと思います。

株価が上昇しているうちにやめさせないといけないので、法改正ではなく、通達の形をと

りました。通達は、形式的には行政内部の連絡文書（上級官庁の大蔵省から、下位官庁の地方財務局に宛てた文書）ですが、証券会社への指導内容が書いてありますので法令を補完するものです。場合によっては法令に準ずるものと見られていました。実際、そのときに私が起草した通達は、その後の証券取引法（現金融商品取引法）に取り込まれて法文化されました。

私たちは通達を出す前に証券各社を回り、証券検査で把握した営業現場の実態を本社の担当者に突き付けました。

証券会社の現場の営業担当者たちは、利回り保証や損失補塡を口約束したり、名刺の裏に「補塡する」と書いて相手に渡したりしていました。そんな名刺の現物を差し出して、

「お宅の支店の営業担当者たちは、こういうものを名刺の裏に書いて渡していますけど、把握されていますか？　今は株価が上がっているからいいですけど、もし株価が下がって、すべての会社から損失補塡を求められたら、どうなりますか？」

と本社の担当者に問《と》い質《ただ》すと、心の底から驚いた様子で、

「そんなことになったら、うちは潰れます」

という答えを返してきました。

私たちは通達を出すことを検討していることを話して、「損失補塡は、そもそも公序良俗

違反ですから、我々がこの通達を出せば、『行政の指導だから、従わざるをえないんです』といって、損失補塡の約束について、司法判断になるかもしれないが、反故にできるチャンスですよ」と伝えると、「早く通達を出して下さい」と青ざめた顔で懇願されました。

こうして通達が出される運びとなりました。

そのころの大蔵省では、局長の権限で通達を出していました。当時の証券局長は角谷正彦氏でしたが、局長室での会議で「この通達を出すと株価はどうなる?」と聞かれ、「すぐに株価は下がります」と答えました。株価が下がることをよしとする人はいませんが、それでも角谷局長は決断してくれました。

かくして、「証券会社の営業姿勢の適正化及び証券事故の未然防止について」という通達が、一九八九年十二月二十六日に出されました。この通達によって、証券会社が損失補塡する財テクを事実上禁止しました。その三日後の十二月二十九日の大納会の日に日経平均株価は3万8957円の最高値をつけています。

翌年の一月四日の日経新聞には、株価予想として6万円台の数字まで出ていました。しかし、実際の株価は、私が予測した通り一月から下がり始めました。株高の原因が売買回転率にある以上、通達によって回転率が下がれば株価も下落するだろう、と予測していたのが当たったことになります。大蔵省幹部から、「お前、よく当たったな」といわれたことを覚えています。数量的な分析をしたのですが、手元にも役所にもその資料が残っていないのが悔やまれます。

不動産取引に関しては、大蔵省銀行局も問題意識を持っていたようです。土地融資規制が弱かったため、融資を絞る方向で検討されていました。

一九九〇年三月二十七日に不動産融資総量規制の通達が出され、同年四月から実施されました。不動産向け融資の伸び率を総貸出の伸び率以下に抑えるという通達です。不動産価格が大幅に下がり始めたのは、この通達が出されてから一年後くらいのことでした。不動産価格は、反応するまでに少し時間がかかるのです。

日銀の「余計な引き締め」で、それから二十年の悲劇が始まった

つまり、一九八〇年代のバブルは株価と不動産の価格が過熱した資産インフレであり、その主因は法律や規制の不備という穴だったのです。のちに法律を改正しましたが、まずは通達を出すことで穴をふさぎましたので資産インフレは収まっていきました。一九八九年十二月の証券局の営業特金禁止通達で「株バブル」が終わり、一九九〇年三月の銀行局の不動産

融資総量規制通達で「不動産バブル」が終了したのです。

前述したように一般物価のほうは、まったく問題はありませんでした。当時の一般物価を振り返ってみると、一九八六年六月から一九八九年三月までの消費者物価指数は、ほぼ0～1％の上昇率（対前年同月比。以下同）でした。一九八九年四月からは消費税3％が加わりますが、それでも一九九三年十月までの物価上昇率はほぼ1～3％です。

つまり、バブルといわれていた当時の物価は安定していたのです。

にもかかわらず日銀は、そこで金融引き締めを行ってしまいました。

当時の日銀総裁は三重野康氏でした。三重野氏は、一九八九年十二月から一九九四年十二月まで五年間、日銀総裁を務めましたが、バブル退治をしたとしてマスコミは「平成の鬼平」とさかんにもてはやしました。このとき、不必要な金融引き締め政策をマスコミが高く評価してしまったことで、それ以降の日本経済はどん底に叩き込まれることになります。

当時の日銀には、公定歩合の上げは「勝ち」、下げは「負け」と呼ぶ風土がありました。「勝ち」「負け」という呼び方を私も幾度となく聞いています。

これは大蔵省と日銀の微妙な関係を反映したものです。日銀総裁には大蔵省出身者と日銀プロパーとが交互に就任するという不文律がありました。大蔵省は財政支出を抑え税収を増

表3　公定歩合

1987年2月	2.50%(利下げ)
1989年5月	3.25%(利上げ)
1989年10月	3.75%(利上げ)
1989年12月	4.25%(利上げ)
同	営業特金規制通達(株価の下落始まる)
1990年3月	5.25%(利上げ)
同	不動産融資総量規制通達(土地の下落始まる)
1990年8月	6.00%(利上げ)
1991年7月	5.50%(利下げ)

やせる景気刺激策として金利引き下げを求める傾向があります。日銀とすれば、大蔵省への対抗意識もあるのか、公定歩合の上げを「勝ち」と見ている雰囲気がありました。金融政策の本質から逸脱したつまらない意地の張り合いです。

「勝ち」「負け」の表現を使えば、公定歩合は一九八〇年八月に9・00%から8・25%に引き下げて以来、一九八七年二月の3・00%から2・50%への引き下げまで、10回連続で引き下げましたので、日銀にとっては「10連敗」でした。

一九八九年五月に2・50%から3・25%に引き上げて、ようやく日銀は「11連敗」を食い止めました。当時、三重野氏は日銀副総裁でした。

同年十二月に三重野氏が総裁に就任してからは3連勝して、一九九〇年八月には公定歩合は6・00%に達しました。三重野氏が「平成の鬼平」と呼ばれるようになったのは、このころです。

しかしながら、一九八九年に最高値をつけた株価は、一九九〇年に入ってからどんどん落ちていて、八月の時点ではバブル崩壊は誰の目にも明らかでした。

時系列を整理すると表3のようになります。

一九九〇年一月からは株価の急落が始まっていましたので、マーケットの過熱感はもう、なくなっていました。私たちが証券規制を検討しだしたころ以降、一九八九年十月、十二月、一九九〇年三月、八月の4回の利上げは、まったく不要でした。しかしそれ以降も、最後の利上げの一九九〇年八月から一九九一年七月の利下げまでに十一カ月もかかっています。

利下げのタイミングが遅れると、その後の引き下げは後手後手となって、景気回復ができなくなります。ここからまさに、悲劇ともいうべき「失われた二十年」が始まっていくのです。

間違いを認めたくない日銀の自己正当化が、悲劇を長引かせた

バブル当時、さかんに「金余り」だといわれていました。しかし私は、証券行政を担当しながら「何か違うのではないか」と感じていました。

通貨供給量が多すぎるのであれば物価は上がるはずです。ところが物価は上がっていませんでした。一般物価は安定していて、インフレは起こっていません。

そんな状況下、日銀はインフレになっていないのに金融引き締めをしたのです。私は通貨供給量が原因で株や土地の値段が上がっているわけではないと見ていましたので、日銀の金融引き締めの意味がわかりませんでした。

そのちょっとあとに、経済学者の岩田規久男氏（現日銀副総裁）が私に「この金融引き締めはおかしいんじゃないの？」と聞いてきました。当時から岩田氏と私の認識はかなり共通していました。が、その当時私は日銀のカウンターパートの仕事もしていたので、あまり日銀批判はしませんでした。岩田氏の質問に、「私もおかしいと思います」と答えましたが、ただ、なぜおかしいのかという理由が自分でも明確になっていませんでした。

営業特金の規制をしたことで取引規制の抜け穴が1つふさがれましたので、売買回転率が

落ちて株価が下がることは予測できました。私は株価予測をして、3万円から2万5000円くらいにまで下がることを想定していました。最高値の3万9000円から1万円くらいは下がるだろうという予測です。もし、それを超えて株価が下がったとしたら、何か別の要因が加わったのだろうと推測できます。

私は株価を注視していましたが、予測値の2万5000円を割り込んでいきました。なぜ予測値を割り込んでしまったのか。どう考えても、日銀による金融引き締め以外の理由は見当たりませんでした。

資産価格だけが上がっていて、一般物価は上がっていませんでしたから、バブルの原因が通貨供給量とは考えられません。しかも、市場を歪める法の不備はすべて解消されています。この局面で、なぜ日銀は重ねて金融引き締めを行ったのか。

この日銀の行動が、明らかな間違いだったことを明確に知ったのは、私が一九九八年にプリンストン大学に客員研究員として留学して、バーナンキ教授（のちにFRB議長）の教えを受けたときのことでした。「インフレ目標」というものを知ったので、バーナンキ教授に「資産価格が上がったときに、インフレ目標をするのですか」と聞いてみたのです。すると「いや、資産価格はインフレ目標の定義に入っていない。関係ない」と教えてくれました。

金融政策は一般物価だけを見て判断すればよいのであって、資産価格がいずれ一般物価にも波及するような場合を除いて、資産価格は見る必要がないというのがセオリーだと知りました。

一般物価が上がっておらず、資産価格だけが上がっているときに金融引き締めをした当時の日銀の政策は、やはりセオリーに反するものだったのです。

資産価格は、マネーがあふれていなくても、「回転率」の高さによって上昇していくことがあります。資産価格が上昇すると、担保価値が増加してファイナンスの余地が拡大します。その資金の一部が再び資産市場に投入されて、資産価格はさらに上昇します。こうして資金がグルグルと回転してスパイラル的に資産価格が高まっていくのです。

このような過熱を抑えるために、資産市場には一定の規制が必要です。規制に穴があると、異常なほどの回転率となってバブルが生じます。一九八〇年代のバブルは、規制の穴による回転率の高さによって引き起こされたものです。

しかし、日銀はバブルの原因が回転率の高さにあったことを見抜くことができず、マネーが原因だと考えたため、金融引き締めで市場からマネーを引き揚げてしまいました。それが、のちの不況やデフレに大きな影響を与えることになりました。

ところが、日銀の官僚たちは金融引き締めが間違いだったとは決して認めません。「官僚の無謬性」という言葉がありますが、「金融を引き締めたことは正しかった」という考え方が受け継がれていきました。引き締めをした総裁が「平成の鬼平」と呼ばれて称賛されたことも成功体験として染みついてしまったのでしょう。

日銀は、引き締めてはいけないところで引き締めたにもかかわらず、自分たちのしたことを正当化しようとしました。間違ったことを正当化しようとすると、その後もずっと間違ったことをやり続けなければいけなくなります。

こうして日銀は、「過去の間違い」を正当化するために、その後も、ずっと間違いを犯し続け、デフレを引き起こし、放置し、どんどん悪化させました。バブル後の二十年間を見てみると、日本のマネーの伸び率は先進国で最低です。最下位を二十年間も続けるのは、どう考えても正常な姿とはいえません。間違いを認めないから、同じ過ちが繰り返されてきたのです。

バブル処理の仕方は確立されているから、バブルを過度に恐れる必要はない

一般物価と資産価格の動向をチェックすれば、バブルを分析できます。先ほど紹介したバ

ーナンキ教授の話からもわかる通り、このうち金融政策にとって重要なのは一般物価のほうです。

金融政策のセオリーでは、資産価格は見ないで、一般物価だけを見て判断できます。一般物価が上がれば「引き締め」、一般物価が下がれば「緩和」。それだけです。

一般物価が上がらずに資産価格だけが暴騰しているときは、取引規制、税制、会計制度に問題があるケースが考えられます。

たとえば、アメリカで起こったリーマン・ショックも、異常な資産インフレが崩壊したものですが、金融政策の問題ではなく取引規制の問題でした。金融機関はサブプライムローンという怪しげなものを組み合わせたデタラメな金融商品を売りまくっていました。また、シャドーバンキングという銀行規制の枠に入らない金融機関もたくさんできていました。日本の簿価分離と同じように、本体と分離した会社で異常な取引がたくさん行われていました。それらの取引規制が要因となり、バブルが起こり、それがはじけたのです。

デタラメな商品をつくることとは、マクロな金融政策とは関係がありません。ですから当時、FRB議長だったバーナンキ教授はリーマン・ショック後の一般物価の急落を見て判断して、金融を緩和しました。日銀のように「資産バブル潰し」と称する引き締めはしませんでした。バーナンキ教授は、日本のバブル期のことも学んでいましたので、セオリー通りに対応してアメリカの経済を回復させたのです。

残念ながらバブルの事前の回避策はありません。しかし、事後策ならあります。セオリー通りに対応すればリカバリーはできるのです。

諸外国の金融政策担当者たちは、「バブルを防げればそれに越したことはないが、バブルは起こってしまうものだ」と認識していて、バブルが起こったときにどう対応すべきかを真剣に考えています。ですから、バブルが起こると機動的に対応しています。

一方、「バブルが起こらないように」ということばかり考えていると、バブルが起こってしまったときにどう対応するかを考えることが疎《おろそ》かになり、打つ手が、後手後手になってしまいます。

日銀は「バブルが発生するといけないから、金融緩和をしない」と考えているのかもしれません。しかし、「羹《あつもの》に懲《こ》りて膾《なます》を吹《ふ》く」ように、過度に恐れてしまって必要なマネーの供給もできなければ、ただただ、負の側面のほうが大きくなるばかりです。

後知恵で「あのときはバブルだった」と気づくのがバブルです。政策当局にもバブルの発生は予測できませんので、事前には規制のしようがありません。せいぜいバブル発生中のどこかで早めに気づくことができるという程度です。

ならばこそ、「バブルを起こさない」ことばかり考えて、経済を減速させるような手を打ち続けるより、「バブルが起きたら正しく処理すればよい」と考えて、恐れずに適切なマクロ経済政策を展開していくべきなのです。

私がここまで述べてきたバブルの分析も、もちろん後語りであり、後知恵です。「今にして思えばこうだった」という分析です。本章で書いてきたように、その渦中では、必ずしも状況や原因を、すべて適切に把握できていたわけではありません。

しかし、私はバブルの当事者の1人だったがゆえに、あの経験から学んだことを教訓にすべきだと思っています。私の金融政策観の1つの原点が、ここにあります。

第6章

不純な「日銀法改正」と、痛恨の「失われた二十年」

「失われた二十年」の原因は何か？

前章で見たように、日本銀行が「『資産価格』と『一般物価』を分けて考える」という金融政策のセオリーに反して、「一般物価」が問題ある水準ではなかったのに金融引き締めを行った結果、日本経済はどん底に叩き込まれることになりました。そして、それが間違いだったことを認めたくないとばかりに引き締めに固執したために、「失われた二十年」といわれるデフレの泥沼にはまってしまったのです。

一九八〇年度からバブルが崩壊した一九九一年度までの平均経済成長率は「名目で６・３％、実質で４・３％」だったのに対し、一九九二年度から二〇一一年度までの平均経済成長率は「名目でマイナス０・１％、実質で０・８％」と、大幅に落ち込んでしまいました。日本が低成長率に甘んじていた期間も、アメリカ、イギリス、ドイツ、フランスなどの欧米各国は年３～４％の成長率であり、日本だけが苦境にあえいでいるような体たらくです。

なぜ、そのようなことになってしまったのか。本章で、「失われた二十年」の謎を解き明かしていくことにしましょう。

そのことを考えるにあたり、まず最初に、「失われた二十年」の原因について考えてみたいと思います。

これまで幾度も述べました通り、私は「失われた二十年」の原因は、日銀の金融政策の失敗（不必要、かつ過度の金融引き締め）にあると考えています。

しかし世の中には、様々な理由を並べる人たちがいます。たとえば、ざっと次のようなものが挙げられるでしょう。

・不良債権が足枷《あしかせ》になった
・バランスシート不況になった
・ＩＴ投資、デジタル化に出遅れ、生産性が上がらなかった
・ゾンビ企業が生き残り、イノベーションに後れをとった
・岩盤規制を打ち崩す構造改革が不十分だった

それぞれ、至極もっともな意見ですが、しかし結論を先にいってしまえば、いずれの見方も、経済の「原因」と「結果」を見誤っていると私は思います。

「不良債権が足枷になった」はまったくのウソ

まず、「不良債権が足枷になった」という議論を検証しましょう。

「バブル崩壊後に日本経済の足を引っ張ったのは、不良債権だ」と思っている人はたくさんいます。しかし、不良債権というのは金融機関の経営の問題であり、経済全体に大きな影響を及ぼすほどのものではありません。「不良債権の先送りが経済低迷の原因だ」などといわれましたが、不良債権の先送りはいつでも起こっている現象です。

ミクロのことだけを見ていえば、不良債権の先送りはしないほうがいいに決まっています。しかし、マクロ側から見ると、マクロ経済を良くすれば不良債権は自然に減少していきます。景気が減速して資産価値が落ちるから不良債権になっていくのです。経済全体が良くなれば、貸付先の企業業績も少しは良くなるでしょう。株価も上がりますし、不動産の値段も上がって担保価値も上昇します。先送りしている間に実体経済が成長すれば、不良債権問題は片付いていきます。不良債権のすべてがすっきりとなくなることはありませんが、問題にはならなくなります。

「原因」と「結果」でいえば、不良債権問題の「根本原因」は、主として金融政策の失敗であり、不良債権というのは単なる「結果」にすぎません。

おそらくバブル崩壊後に日銀がきちんと金融緩和して経済成長を促していれば、不良債権問題は五年くらいで問題のないレベルにまで解消したでしょう。それが十年も二十年も長引いてしまったのは、低成長、マイナス成長で経済が伸びなかったからです。

この二十年間に他の先進国が大幅にGDPを伸ばしているのに対して、日本だけがほとんどGDPを伸ばしていません。間違えてはいけませんが、それは日本が不良債権問題を抱えているから伸びなかったのでは決してありません。これほど長期間にわたってGDPを伸ばせなかったからこそ、不良債権問題が早期に片付かなかったのです。

金融機関が不良債権を抱えているから、貸出しを抑制し、貸し剝がしが起こるといわれていました。たしかに金融機関が回収を急ぎたかったのは事実でしょう。

しかし、本当に儲かる貸出先であるのなら、金融機関Aが貸し剝がしをしたとしても、金融機関Bが貸し出すはずです。儲かるとわかっているのに貸さないことはありません。

おそらく、その貸出先は、どの金融機関も貸出しできないほどの厳しい経営状態にあったのです。なぜそうなったのか。もちろん、経営の失敗という面もあると思いますが、経済全体が低迷しているという要素が多分にあるはずです。過度の円高が続いていたことも原因でしょう。

マクロ経済全体を良くすれば、より多くの企業が息を吹き返します。経済全体を良くすれば、儲かる企業が増えてきて、自然に不良債権は減少し、貸し渋りも減っていきます。

不良債権や貸し渋りが経済成長を妨げたという見方は正しくありません。金融機関の不良債権をすべてゼロにしたところで、日本経済のＧＤＰが伸びるという保証はどこにもありません。

その反対に、日本経済全体を成長させれば、不良債権は必ず減少していきます。

このような説明と軌《き》を一《いつ》にするのが、「バランスシート不況」についての見方です。「失われた二十年」の時期に、よく「バランスシート不況」ということがいわれました。これは、資産価値が落ちたために企業が債務超過になると、財務内容（バランスシート）を正すために収益を借金の返済に充てようとするので、設備投資や消費が抑制されて景気が悪化する、という考え方です。たしかに、そうとも見えるのですが、これも「原因」と「結果」の見誤りです。マクロ経済政策で景気が上向けば、資産価値が上がるので、自ずと解消される問題です。

不良債権もバランスシートも、個別企業の経営の問題であり、「ミクロ」の世界です。それが日本経済全体という「マクロ」の原因になることはほぼないと思っていいでしょう。

その反対に「マクロ」経済は「ミクロ」に必ず影響を与えます。金融政策と財政政策でマクロ経済を良くすることが、個別企業にとって一番恩恵がある道なのです。

経済が収縮するデフレ不況下で、できるはずがないこと

次に、「ＩＴ投資、デジタル化に出遅れ、生産性が上がらなかった」「ゾンビ企業が生き残り、イノベーションに後れをとった」「岩盤規制を打ち崩せなかった」という議論について見ていくことにしますが、これらも結論は「ひと言」で終わりです。

「経済が収縮するデフレ不況下で、そんなことができるはずがない」――それだけです。

たしかに事実関係を見れば、「失われた二十年」の期間を諸外国と比べると、日本のＩＴ分野をはじめとする投資額が低かったことは否定できません。投資が低ければ、必然的に生産性は低くなります。そうすると諸外国に勝てるはずもなく、経済が悪化していく――という見立てになるのですが、しかし、考えるべきは「なぜ投資額が低かったのか」です。つまり、それが「原因」なのか「結果」なのかです。

設備投資の理論は非常に単純で、要は投資に見合うだけの収益が得られるかどうかで、投

資額の多寡が決まってしまいます。ということは、将来の成長性が期待できるかどうか、実質金利が低いかどうかのいずれかが、大きな要因になります。将来の成長性が高いと期待できれば、投資しても必ず大きなリターンがありますから、みんなが喜んで積極投資に走るはずです。また、実質金利が低ければ、資金調達コストが下がり、その分、収益が見込めることになりますから、これまた投資に積極的になるはずです。

しかし、現在の日本のような「安定成長期」には、将来の成長性はたかが知れています。となれば、民間の投資を増やせるかどうかのポイントは「実質金利が高いか低いか」に絞られることになります。

ところで、「実質金利」は、「名目金利－（マイナス）予想インフレ率」で求められます。つまり、予想インフレ率が上がれば実質金利は下がります。反対に、どれほど名目金利が低くても、デフレの影響で予想インフレ率が大きく下がっていれば、実質金利は上がることになります。

このように「デフレによって予想インフレ率が下がり、実質金利が上がる」という状態になると、経済にとんでもないマイナス圧力がかかります。

諸外国と比べて実質金利が上がれば、設備投資がしづらくなると同時に、円高にもなります。円高になれば、輸出競争力が低下してしまい、輸出企業を中心に大きな打撃を受けることになります。さらに予想インフレ率が高いということは、インフレ効果で投資金額が将来的には実質的に縮減していくことが期待されるということでもありますが、デフレであれば逆になります。しかもデフレであれば消費停滞、賃金削減の負のスパイラルが発生し、経済の活性化など夢のまた夢になります。

「失われた二十年」の日本は、このような状況でした。まさに、金融政策の失敗以外の何ものでもありません。こんな、何から何までマイナスの状態で、どうやって設備投資を増やせるというのでしょうか。

「産業構造の転換が遅れてゾンビ企業が生き残ってしまったこと」も、「岩盤規制を打ち崩せなかったこと」も、すべて「原因」は同じです。将来の成長性が期待できる状況、すなわち経済の「パイ」が大きくなっているときであれば、思い切って投資をし、構造を転換して新たなジャンルに足を踏み出すことも容易です。実質金利が高くても、思い切った投資をすることができます。しかし、何から何までマイナスの状態では、そんなことをしてみせろ、というほうが〝酷〟というものです。

「原因」と「結果」でいえば、明らかに「投資の出遅れ」「ゾンビ企業」「岩盤規制改革失敗」は原因ではなく結果です。根本的な「原因」はデフレであり、それを招来した誤った金融政策なのです。

「2階と4階を分離せよ」と迫られた大蔵省

日銀がバブル潰しで金融政策を間違えた——。人間、誰しも間違いはあるものですから、仮にそれはやむをえないとしても、問題は、なぜその後、その誤りが正されなかったか、です。

実は、そのような状況になってしまった背景には、大蔵省スキャンダルと日本銀行法（日銀法）改正がありました。

小渕政権（一九九八年七月〜二〇〇〇年四月）は、一九九七年四月からの消費税増税で落ち込んだ経済を回復させるために、大規模な財政政策を打ち出しました。小渕恵三首相本人が「日本一の借金王」というほどの積極財政です。

私は一九九八年からアメリカに留学していましたので、小渕政権にはかかわっていませんでしたが、外から見ていて「財政政策はあまり効かないだろうな」と思っていました。その根拠は、100ページで紹介したマンデル・フレミング効果です。変動相場制の下では、財政政策は効果が現れにくく、金融政策の効果が大きく現れます。それでも金融緩和していれば財政政策も効果がありますが、金融緩和していないのだから、財政政策は効かないと考えたわけです。

一九九八年四月からは改正日銀法が施行されて、日銀の独立性を高める方向に動いていましたので、そろそろ財政政策から金融政策にウエートを移したほうがいいのではないかと見ていました。

裏話をすると、日銀法改正は、実は大蔵省の「不純な動機」から始まっています。当時、大蔵省はスキャンダルで世間から叩かれていました。代表的な例が、「ノーパンしゃぶしゃぶ事件」ですが、金融機関が大蔵官僚を過剰接待して汚職が起こったことが問題になっていました。大蔵省はこのスキャンダルへの批判をそらすために日銀法改正を利用したと、私は見ています。

当時の大蔵省では、2階に主計局があり、4階に銀行局、証券局、国際金融局がありました。2階の主計局は予算編成をする部署で、4階は金融機関監督が主な仕事です。

大蔵省では2階から4階に課長補佐クラスが異動するケースがよくありました。課長補佐の次のポストは企画官です。2階にある主計局の主査（課長補佐）の最後のほうになると、主計局では処遇できないので、4階の証券局、銀行局などに行って企画官になるのが慣例でした。

この慣例を、金融機関の担当者たち（MOF担＝Ministry of Financeの頭文字。大蔵省〈現財務省〉との折衝にあたる銀行、証券会社などの担当者）はよく観察していました。MOF担は、主計局の官僚に目をつけました。主計局の官僚と知り合いになって、〝お仲間〟になっておくと、その人たちがやがて4階（証券局、銀行局）に異動します。

4階の証券局、銀行局に移った官僚は、それまでは主計局にいたわけですから、金融機関監督業務のことなどよくわかりません。そんなときに、主計局時代からの旧知のMOF担が「相談に乗ってあげますよ」といって官僚を取り込んでいったのです。こうやって接待漬けが始まりました。それが過剰になって発覚したのが大蔵省スキャンダルです。

このときに、マスコミの中で「主計局から銀行局に行くルートができていることに問題がある」と指摘して「財金分離」と言い出した人がいました。2階と4階を分離せよ、という意味です。これは、「金融行政」を分離するということであり、具体的にいえば、金融庁をつくって大蔵省から分離させることにつながるものでした。

もちろん、当時の大蔵省は金融庁設立には大反対です。自分たちのシマと権益が侵されることになるので、金融庁設立で大蔵省が分割されることは絶対に阻止しなければなりません。

そこで大蔵省は「財金分離」という言葉そのものに目をつけました。

不純な動機で始めた「日銀法改正」のツケが回ってきた

実は「財金分離」という言葉そのものは由緒正しく、学術的な言葉でもあります。学術的な意味合いの「財金分離」というのは、財政政策と金融政策を分離することです。

これに目をつけた大蔵省は、マスコミが言い出した「財金分離」という言葉の意味を巧妙にすり替え、「わかりました。私たちはみなさんがおっしゃるように財金分離します」といって、「財政政策と金融政策を分離する方向」に持っていったのです。そうしてできたのが、日銀の独立性を高める日銀法の改正でした。

同じ「金融」という言葉がつくので混同しやすいのですが、「金融行政」と「金融政策」は別のものです。「金融行政」は大蔵省の4階がやっていた金融機関監督。もう一方の「金融政策」は、日銀などがやる通貨供給量の調整です。「金融行政」を引き剝がされて「金融庁」として分離されてしまうくらいなら、「金融政策」を担う日銀を独立させるほうがまだマシだ――大蔵省はそう考えて、日銀法改正でお茶を濁そうとしたのです。大蔵省としては、日銀を独立させても天下りはできるので、痛くもかゆくもないというくらいのつもりでした。

しかし、日銀法改正でしのげると思っていた大蔵省の思惑は大きく外れます。勢いが止まらなくなってしまって、最終的に「金融庁」設立という大蔵省が絶対に阻止したかった方向に行ってしまったのです。途中で大蔵省は、「これはまずい。大蔵省が分割されてしまう」と気がついて、日銀法改正など、どうでもよくなりました。

このように、日銀法改正にはいい加減な気持ちで取り組んでいましたから、真面目な議論をしませんでした。その弊害があとになって出てきます。

大蔵省が法改正をするときには、必ず他国の制度を調査してからやるのが鉄則でした。ところが日銀法改正のときには、他国の調査をやりませんでした。そのころ、イギリスの中央銀行であるイングランド銀行が独立性の議論をしていました。イングランド銀行の例を調べてから法改正を進めれば、もう少し違った形になっていたはずです。

「中央銀行の独立性」には、「手段の独立性」と「目標の独立性」の2つがあります。イングランド銀行は、法改正で「手段の独立性」を高めました。「目標」のほうは政府が与えるというのがイギリスのやり方です。つまり、物価上昇率2％などという「目標」は政府が与えます。それをいかに実現するかという「手段」については、中央銀行が独立性をもって決定するということです。

日本の場合は、イギリスの例を調べず、議論もなく法改正されてしまったので、「手段の独立性」と「目標の独立性」が曖昧なまま進んでしまいました。外国の例を調べてもいないし、法律にも何も書き込んでいないので曖昧模糊としています。

日銀はそこをついて、「手段の独立性」も「目標の独立性」も自分たちにあると主張し、「目標の独立性」を既得権のような格好にしていきました。そのため、「インフレ目標を政府が示したら、日銀の独立性が失われる」などという、世界の非常識ともいえる意見が大手をふるうことになりました。そして日銀は、金融引き締めに固執するという過ちを続けたのです。「独立性」の定義を明確にしないまま法改正をしたことのツケが回ってきた、ということです。

竹中平蔵氏はリフレ派からも誤解されている

小泉政権（二〇〇一年四月～二〇〇六年九月）で経済財政政策担当相を務めた竹中平蔵氏が

やろうとしていたことは、金融政策によるデフレ克服でした。竹中氏は「マンデル・フレミング効果」を理解していましたので、財政政策ではなく金融政策をやらなければいけないと考えていたのです。

私は竹中氏の部下としてそばにいましたので、やろうとしていた政策をよく知っています。竹中氏は経財相になったときに、日銀の金融政策決定会合に出席したいといいました。オブザーバーとしてしか参加できませんが、その会合の場でインフレ目標の話を何度もしています。

竹中氏は世の中の人から「構造改革論者」と見られていますが、本来的には「インフレ目標論者」でデフレ克服を最も重視していました。ところが、そのような金融政策を重視するリフレ派の人ですらそのことを知らずに、「緊縮財政ばかりやっていた」と竹中氏の批判をしています。

日銀の議事録は十年経つと公開されますので、当時の発言はすべてインターネットで見られます。

議事録の中から竹中経財相の発言を引用してみましょう。

◆政策委員会・金融政策決定会合議事録（二〇〇一年七月十二日、十三日）

「インフレ・ターゲティングについては大変難しいという指摘があった。それはエコノミストとしては、大変理解できることであるが、私は少し聞き逃した点があるが、これは、インフレ・ターゲティング論全般に対するコメントなのか、それとも日本固有のコメントだったのかという点である。現実にインフレ・ターゲットを持っている国は結構沢山ある。ほかの国でできるけど日本ではできないと考えるのか、一般論として考えるのか、それとも下の方に目標は掲げられるが上の方には掲げられないという論理なのか、ちょっとその辺はクラリファイング・クエスチョンである」

◆政策委員会・金融政策決定会合議事録（二〇〇一年八月十三日、十四日）

「第二の点は、政府当局の姿勢が絶対にぶれないということである。その意味ではデフレ・ファイターとしての日銀の決意を示すという発言があったが、その決意を示すにはどのような方法が考えられるのか、その一つとしてのインフレ・ターゲティング論のようなものがあるのかという指摘も委員の一部の方には今日あったが、そういうことも含めてやはりそのメッセージ性というようなものも是非今後の議論の対象に加えて頂きたいと思う。いずれにしても総括としては幾つか今申し上げたような状況の中で、日本銀行が一層の量的緩和に向けて早い行動を採って頂くこと、毅然たる態度でそういった政策に向かって頂くということを高く期待申し上げたいと思う」

◆政策委員会・金融政策決定会合議事録（二〇〇一年九月十八日）

「是非一点だけ敢えて問題の提起をさせて頂きたいと思う。それは皆さん専門家であるからよくご存知だと思うが、日銀の独立性を議論するうえでの政策目標の独立性と政策手段の独立性という近年アメリカで結構活発に行なわれつつある議論である。この問題、日銀にとっては非常にタッチーな問題であるから、そのことそのものを大上段に振りかぶって日銀法のあり方を議論しようということを言う積もりはない。むしろ申し上げたいのはデフレをストップさせるということは、明らかにこれは政府全体の目標であろうということである。これは是非、政府全体を私はコミットさせたいと思う。（中略）日銀の独立性というのは、私達も大変重視しているが、新しい政策の仕組みが今、動こうとしている中でそれぞれの新しい役割分担のようなものが議論されていく必要があるのではないかと考えている」

要するに、竹中経財相は日銀の独立性に配慮しながらも、デフレ克服のために何度もインフレ目標の検討を促しているのです。

ただ、政策決定会合という正式の場で発言すると、守秘義務がかかりますので、外部では一切発言できなくなります。ですから、政策決定会合でインフレ目標の話をしているということは、世間にはまったくいいませんでした。

また、政府からの出席者はあくまでもオブザーバーという立場であり、会合の最後になって発言を求められるだけです。正式メンバーではないオブザーバーのいうことなど誰もまともに聞こうとせず、相手にもしてもらえませんでした。議論にも採決にも加われず、採決時には退室を求められます。

竹中氏は二〇〇一年には毎月のように政策決定会合に出ていたのですが、全然相手にされないので「出ても時間の無駄だ」と怒っていました。大臣の仕事が忙しいこともあり、あまり出なくなって、それ以降は役人が出席して紙を読み上げるだけになりました。

小泉政権はデフレ克服のための金融政策をやろうとしていたのですが、いい加減な日銀法改正をしたツケが回ってきて、日銀に阻《はば》まれてしまいました。日銀は「手段の独立性」だけでなく「目標の独立性」もあるとして、インフレ目標をするかどうかを決めるのは自分たちの権利であると強く主張していたからです。

繰り返しご紹介しますが、マンデル・フレミング効果は、変動相場制の下では、財政政策は効果が現れにくく、金融政策の効果が大きく現れるというものです。言い方を変えると、変動相場制の下では金融政策を間違えた場合、マイナスの影響が大きく出てしまうということです。日銀の政策判断の誤りがその後も続いてしまい、デフレ克服が進みませんでした。

結局、政府が日銀に影響を及ぼすには、次の日銀総裁の選任時しかチャンスはありませんでした。

「小泉・竹中路線」は、最初は完敗の連続だった

竹中氏は、政府に入ったものの惨敗続きでした。日銀にはまったく相手にしてもらえませんでしたし、やろうとしたことはすべて潰されていきました。

竹中経財相が経済財政諮問会議で最初にやろうとしたのは法人税減税です。これには財務省（中央省庁再編で二〇〇一年一月に大蔵省から財務省に名称変更）が激怒して猛反対し、この案はすぐに潰されました。

竹中氏は一橋大卒で日本開発銀行出身です。東大卒ばかりの財務省キャリアは学歴で人を

見る悪い癖がありますので、あたかも格下の人間がいきなり大臣になったかのような反感を持っていました。竹中氏はかつて大蔵省に出向していたことがあり、そのときも彼のことを小馬鹿にしていたキャリア官僚がいました。

実は、私が竹中氏と最初に知り合ったのは、そのころでした。竹中氏が大蔵省の財政金融研究室（当時）に開発銀行から課長補佐として出向してきて、私はその下の係長職でした。竹中氏はハーバード大学に留学して学んできたことをたくさん聞かせてくれて、面白い話が多かったので、そのころから親しくなりました。

経財相になった竹中氏は財務省から嫌われていましたので、省内に味方が必要だと考えたのかもしれません。私に声をかけてくれました。

そのころ私は左遷されて暇にしていました。プリンストン大学への留学期間を延長したため飛ばされたのです。

一九九八年に留学して一年で帰る予定でしたが、当時、プリンストン大学には、のちにFRB議長になったベン・バーナンキ教授や、二〇〇八年のノーベル経済学賞受賞者のポール・クルーグマン教授もいたので、向こうでの勉強が面白くて期間を延ばしてもらうように頼みました。すると国際電話がかかってきて、「お前のポストはもう用意してある」といわれます。私はどうしても勉強したかったので、それを断ったら、「何でこんないいポストを断るんだ。飛ばすぞ」と怒られました。私は結局、三年間留学しましたが、帰国してみると予定通り飛ばされたわけです。

左遷されて国土交通省に出向して、仕事もないので暇にしていました。そんなときに経財相の竹中氏に声をかけてもらって密かに手伝っていたのですが、すぐにバレてしまいました。

すると竹中氏は「塩じい」の愛称で親しまれていた財務相の塩川正十郎氏に掛け合って、政府の各種検討会委員に私を加えました。現役の役人が入る場ではないのですが、強引に竹中氏に入れられました。

最初は小泉純一郎首相肝煎《きもい》りの政策金融改革の検討会委員を務めました。財務省は「我々の味方として髙橋が入った」と思ったかもしれませんが、私は財務省の意向とは違うことをしました。小泉首相は郵政改革とともに政策金融改革を進めたかったのですが、橋本龍太郎元首相が出てきて「指一本触れさせない」といわれて、結局、政策金融改革は完全に潰されました。

このときの小泉首相の怒りは非常に大きく、のちに郵政改革が片付いたときに、再度、政策金融改革をする際にはものすごい剣幕でした。そのときに政策金融はいくつも廃止されました。

「常勝小泉・竹中」のイメージがあるかもしれませんが、最初は敗戦続きでした。法人税減税で完敗、政策金融でも完敗でした。

いかにして竹中氏は無敵状態になったのか

しかし、ここからが竹中氏のすごいところでした。コテンパンに負けた理由を分析して、どうやったらうまくいくかを考えて、やり方を変えたのです。

試行錯誤の末、諮問会議に特命室というものをつくり、竹中氏の意向を理解している人だけを集めました。私も加わっていましたが、特命室でペーパーを書いて諮問会議の議員に根回しをしていきました。諮問会議の議員は11人で、そのうち4人が民間議員でした。この4人の民間議員を先に説得するようにしました。

竹中氏が小泉首相を味方につけると、合計6人になり過半数を押さえられます。民間議員4人には私がペーパーを書いて先にレクチャーして合意を得ました。こうして諮問会議で賛同してもらえるようにしたのです。

竹中氏は、土日で時間がとれたときには閣僚の主要メンバーを集めて会合を開いていました。私はそこに参加したことは数回しかありませんが、官房長官はよく出席していたようです。そのほか自民党幹事長もときどき出席していました。この会合をコンピュータのCPU（中央演算装置）をもじってというか、もともとあった名称でCPU（コミュニケーション・アンド・ポリシー・ユニット）と呼んでいました。そこには当時、官房副長官だった安倍晋三氏や、経産相などを務めた中川昭一氏も出ていて、よく意見交換と情報共有をしていました。

こうして頻繁に情報共有しているので、竹中氏が諮問会議をリードするスタイルができていきました。ここまでできる人は政治家の中でもなかなかいないと思います。

そのスタイルができあがると、ものすごく政策実現の確率が高くなっていきました。諮問会議のペーパーは潰されなくなり、ほとんど通るようになりました。やりたいことが通る打率が高くなると、竹中氏の下にみんな集まってきます。

マスコミへのブリーフィング（事情説明）も上手でした。諮問会議が終わると、マスコミはすぐに内容を聞きたいのでブリーフィングを求めます。竹中氏は、会議を運営しながら要点を書き留めて、きちんと説明していました。会議後にすぐ公表するにはかなりの事務処理能力が求められます。竹中氏にはそれができましたが、以降の経財相はそこまでのブリーフィングはできませんでした。

こうして、諮問会議をとりまとめ、マスコミにもきちんと公表しましたので、状況は大きく変わっていきました。最初は全敗でしたが、途中からは何でも通る状況になりました。徐々に、スーパーマリオブラザーズというゲームで、マリオが無敵になれるスターをとって、どんどんと敵をなぎ倒していくような状態になりました。

経済財政諮問会議に臨む小泉純一郎首相（左）と竹中平蔵経済財政相（右）（写真：時事）

小泉政権の政策としては郵政民営化と道路公団改革を進めましたが、道路公団のほうは、道路関係四公団民営化推進委員会の委員を務めた作家の猪瀬直樹氏のキャラクターで乗り切ったようなものです。

一度は橋本元首相に潰された政策金融改革にも取り組みました。政策金融は公務員が天下り先を確保するために必要としているのであって、産業界には必要のないものでした。本来、政府のすべきことは、弱い企業への融資です。民間は儲からない相手先や担保のとれない相手先には融資しませんので、政府が融資するしかありません。政策金融の役割は民間が貸さない弱者に対する貸出しです。そういう意味では、国民金融公庫と日本輸出入銀行以外は不要ですから、政府系金融機関は統合・廃止されました。

日銀総裁人事以外に、政府が金融政策に関与する方法はなかった

竹中氏が諮問会議を取り仕切るようになって以降、最も重要だったことの1つは、二〇〇三年三月の日銀総裁交代時に誰を選任するかということでした。前述したように、日銀は「独立性」を楯にとってデフレ克服のための金融緩和をしませんでした。

総裁交代の機会を逃すと政府が金融政策に影響を及ぼすチャンスはなくなりますので、人選はとても重要でした。日銀出身の福井俊彦氏が候補者でしたが、デフレ脱却をする意志があるかどうかが焦点でした。

この時点で、金融政策の重要性がわかっていたのは、悲しいかな、竹中氏と自民党の中川秀直氏らのごく一部だけでした。そのほかの自民党議員には、説明してもまったく理解して

もらえませんでした。

小泉首相の意向を受けて、中川氏が福井氏に「デフレ脱却をやりますか」と尋ねて約束をしてもらいました。福井氏は小泉首相のいる前でデフレ脱却を約束したと聞いています。それを確認したうえで、小泉首相は福井氏を日銀総裁にしています。

世間では福井氏は前任者の路線を踏襲すると見られていたようですが、福井氏は日銀総裁に就任すると、約束を守ってすぐに量的緩和をしました。量的緩和を続けたため、小泉政権時代には一時デフレを脱却できそうになりました。量的緩和によって、為替レートは平均で1ドル＝120円くらいの円安を保っていました。

量的緩和をやった価値はあったのですが、徹底的にやらなかったのが残念な点です。福井氏は、徐々に日銀内部の論理に取り込まれていったのか、二〇〇六年三月に量的緩和を解除してしまいます。その年の九月には小泉首相が退任予定でしたから、日銀側は小泉首相にはもう力がないと考えたのかもしれません。

このときに量的緩和解除に反対したのは、閣内では総務相だった竹中氏だけでした。閣僚を含めて多くの人が解除しても大丈夫だといっていました。

私はもちろん量的緩和解除に反対でした。まだデフレを脱却していませんでしたので、時期尚早と考えていました。「もし解除をすると半年後には経済状態はこのようになる」と予測を出しました。

竹中氏も「今、量的緩和解除をすると半年から一年先には景気は落ちます」と主張しました。ですが、こうした意見は相手にされませんでした。

日銀は量的緩和解除に踏み切り、結果は、デフレを再び深刻化させるものとなりました。経済は予想通り低迷し始めました。

このときのいきさつを1人だけ冷静に見ていた人がいます。それが現首相の安倍晋三氏です。安倍氏は当時、官房長官でしたが、竹中氏や私のいうことを聞いていました。ただし、「本当にそうなのかなあ」としか思わなかったそうです。

しかし、九カ月ほど経つとデフレに逆戻りし始めました。安倍氏は第一次安倍政権（二〇〇六年九月〜二〇〇七年八月）を退陣してから、量的緩和解除の失敗に気づいたとおっしゃっていましたが、その後、リフレのことを勉強されたようです。「暇だったから」と国会でも発言されていました。退陣後とはいえ、きちんと勉強された姿勢は立派だと思います。

安倍氏は二〇一二年の自民党総裁選に再び出馬しました。事前の報道では、安倍氏は、石破茂氏、石原伸晃氏に次いで3位につけていました。偶然が重なって安倍氏が総裁に選出されましたが、この総裁選で、デフレ対策としての金融政策と消費増税への懸念を明確に主張していたのは安倍氏だけです。

もし安倍氏が当選せず、日銀総裁に黒田東彦《くろだはるひこ》氏が選ばれていなかったら、いまだに金融緩和が行われていなかったかもしれません。

長く続いたデフレの結果、「デフレ勝者」が金融機関の経営者になってしまった

長く続いたデフレの中で、金融機関経営者の意識がデフレ志向になってしまった面は否めません。

デフレというのは、物の価値が下がることであり、金利が下がっていきます。金融機関の中で、金利が下がって儲かる部署は債券部門です。金利が下がると債券価格が上がりますから評価益が出ます。一方、貸出部門は儲からなくなります。貸出しの回収もうまくいかずに利益がなかなか出せません。

デフレ時代には債券部門の羽振りが良くなり、債券部門の人が出世しました。二十年もデフレが続いたせいで、金融機関の経営者の中に債券部門出身者が増えていきました。彼らはいわば「デフレ勝者」です。

「デフレ勝者」の経営者たちは、デフレが続くことを望みがちです。それが無言の圧力となって周囲に影響を与えます。

金融機関はみなシンクタンクを持っていますが、そこに所属するエコノミストたちは本体の経営陣がデフレを望んでいれば、その意向を無視するわけにはいきません。「デフレが続いたほうがいい」という雰囲気になり、金融緩和を望まない方向に向かいます。

こうしたことが、民間金融機関だけの問題ですめばよかったのですが、日銀がその影響を受けてしまったような気がしてなりません。

私がどうしても理解できないのは、日銀が白川《しらかわ》方明《まさあき》総裁時代（二〇〇八年四月～二〇一三年三月）にデフレ克服のための金融緩和をかたくなに拒んでいたことです。

なぜ、そこまでかたくなに拒む必要があったのか。その1つの理由として、日銀の中に金融機関の経営サイドに立って主張する人たちがいたからではないか、と想像しています。「こんなことをしたら金融機関が大変だ」という意見を真に受けてしまったのではないか。実際、白川総裁は金融機関の経営に関して発言しています。

しかし、金融機関経営というのは「ミクロ」の話です。日銀の仕事はミクロではなく、「マクロ金融政策」です。金融機関経営のことなど考えずに、まさに「独立した金融政策」

をしなければいけません。「金融機関経営は金融庁の仕事」と割り切って、任せてしまえばいいのです。

日銀が民間金融機関の経営を心配するまでもなく、各金融機関は、金利が上がっても下がっても、きちんと対応できるように準備をしています。金融機関には債券部門と貸出部門がありますから、どちらかで利益が出なくても、もう一方で利益を出せます。また、預金金利が上がったとしても、貸出金利も上がりますから、バランスはとれるようになっています。

金融機関の人たちはプロですから、対応策はわかっています。日銀は金融機関経営というミクロのことなどに左右されないで、金融政策を決めるべきなのです。

「金利が上がると、国債の利払いが増えるから国家財政が大変になる」という意見も耳にします。しかし、これも一方だけを見ているにすぎません。

経済学的にいえば、金利と経済成長率はほぼ一致します。金利が上がれば経済成長率も上がりますので、税収は自然に増えていきます。金利上昇で国債の利払いが増えても、また税収も増えるのですから、問題はありません。

それどころか、実は経済成長率が上がっていると税収の上がりのほうが大きくなりますので、財政は健全化します。

経済を考えるときに、一部分しか見ない人がたくさんいますが、経済行為にはすべて反対側があります。金利を支払う側ともらう側。物を売る側と買う側。税金を払う側と受け取る側。両方を見ないと全体のことはわかりません。

また、経済はすべてつながっています。たとえば、「実質金利」と「為替」は別個のものではなく、表裏一体のものです。個々の事象だけを見るのではなく、反対側や全体を見て考えることが正しい判断をする際に必要になります。

リーマン・ショック後の「日本1人負け」も人災だった

リーマン・ショック（二〇〇八年）は日本と外国との政策の違いが如実に現れた出来事でした。リーマン・ショックが起こったときに、経財相だった与謝野馨氏は、「日本経済にはハチが刺した程度の影響」と述べました。これが日本の政策担当者の発想であり、日銀も何もしなくていいと思っていたようです。

ほかの国はすぐに対応をしました。FRBのバーナンキ議長は恐慌後の対応策がわかっていますので、すぐに大胆な金融緩和を実行しました。「ハイパーインフレになる」と批判する人もいましたが、彼は、需要が急激に落ちているのだから需要をつくるしかない、という考え方で金融緩和をしました。結果は、ハイパーインフレになど、なりませんでした。

経済理論上、多少お金を刷ったところでハイパーインフレにならないことはわかっています。バーナンキ議長は需要をつくるために金融緩和をしました。イギリスの金融当局も同じことをしました。

リーマン・ショック後に各国がお金を大量に刷ったのに対して、日本だけはお金を刷りませんでした。そのため猛烈な円高が進んでしまいました。その結果、震源地のアメリカや他の国がほどなく回復していったのに、日本だけがリーマン・ショックの後遺症をいつまでも引きずることになりました。

もちろん、「経済」には不断に変化する生き物のような部分がありますから、どうしていいかわからないこともたくさんあります。そういうときには、無難にやるしかありません。では、何が一番無難か。「わからないときには、他国と同じようにやる」のが、やはり一番無難な道でしょう。また、「経済理論」も万能ではありませんが、一番外れの少ないやり方です。理論通りにシンプルにやるのがいいのです。

日銀には経済理論をわかっている政策担当者がいなかったのか、リーマン・ショック以降も、日本だけが1人負けの状態になってしまいました。その結果、どれほど多くの日本人が苦しんだことか。リストラの憂き目に遭った人もいるでしょう。希望の就職ができなかった学生もいるでしょう。取引先が倒産してしまったり、自分の会社が倒産してしまった人もいたことでしょう。これは経済現象というより、むしろ「人災」といったほうがいいかもしれません。

実際、歴史を振り返ると、様々な悲劇が「経済失政」によって起きていることがわかります。間違った経済常識に固執すること、データに基づいて検証しないこと、大外れの予測や読みの尻馬に乗ってしまうこと——。政策担当者がそんな過ちを犯した場合、その罪はあまりにも重いのです。「知らなかった」ではすみません。

そんな「人災」に巻き込まれぬよう、そんな「悲劇」を引き起こさせぬよう、心ある人は、きちんとした理論とデータ検証に基づいた「物事を正しく見る眼」を養い、高めておかなくてはならないのです。

終章

ＴＰＰも雇用法制も、世間でいわれていることはウソだらけ

自由貿易は戦争を「抑止」するものであり、止めるべきではない

これまで、戦後から平成までの日本経済の歩みについて、何が「間違った常識」で、何が「物事を正しく見る眼」なのか、経済理論とデータ検証をベースとしつつ解き明かしてきました。

本書の最後に、現在も様々に取り沙汰されている2つの経済的事象について、経済史の視点も交えながら考えてみたいと思います。テーマは「自由貿易」と「雇用問題」について、です。

最初に、「自由貿易」について見ていきましょう。

私がときに不思議に思うのは、我が国でよく「自由貿易」に対する反対意見が声高に叫ばれることです。最近のＴＰＰ（環太平洋戦略的経済連携協定）反対の議論の中にも、ずいぶんと理解に苦しむ論調を見かけました。

もちろん、「自由貿易」で自分たちの利益・権益が侵されるおそれを感じている人々は反対するのでしょう。また、「プラザ合意はアメリカの仕組んだ罠だ」などということを真面目に信じている人も、そういう陣営に与《くみ》するかもしれません。どの国にも自由化反対論者は

たくさんいて、グローバリズムに対する根強い反対意見はあります。

しかし、そういう人たちは、自由貿易の歴史的背景や理論に触れたことがあるのでしょうか？　ことに日本人は、戦後、自由貿易の恩恵を大いに享受してきています。その日本人の1人として、歴史や理論を知ったうえで本当に「自由化反対」などといえるのか、どうにも不可思議に思えるのです。

歴史的に振り返って見ると、自由貿易が推進された理由は、戦争の抑止と密接に関連しています。

一九二九年の世界恐慌以降、世界経済はブロック化の方向に進みました。ブロックの権益を守るため、ブロック間で摩擦や対立が起こりました。また、高い関税や資源の輸出制限が掛けられ、それが第二次世界大戦につながった要因の1つと考えられています。資源を持たざる国である日本は、このような経済状況に大いに苦しみました。

戦争の反省をもとに、世界の国々は貿易自由化を進めることになりました。戦後の貿易自由化は、経済目的で始まったものというより、戦争を防ぐために始まったものなのです。そして実際に、2国間の貿易が進み、相互依存が強くなるほど戦争の確率は低下してきたように考えられます。

私は「国際平和五角形（ペンタゴン）」と呼んでいるのですが、戦争を防ぐ国際平和の5要件というものが示されています。

（1）同盟関係を持つこと
（2）相対的な軍事力
（3）民主主義の程度
（4）経済的依存関係
（5）国際的組織加入

これらの5要件はいずれも戦争を起こすリスクと関係があります。この中の（4）に、経済的依存関係という要件が含まれています。

私は国際政治研究のためにプリンストン大学に留学していたときに、「民主主義国家同士は、稀にしか戦争しない」という民主的平和論の権威であるマイケル・ドイル教授（現コロンビア大学）から、次のような本があることを教えてもらいました。

ブルース・ラセット教授（エール大学）とジョン・オニール教授（アラバマ大学）によって

二〇〇一年に出版された"Triangulating Peace"という本です。
同書の中で国際平和の5要件と戦争リスクの減少の関係が示されています。

	リスク
（1）きちんとした同盟関係を結ぶこと	40％減
（2）相対的な軍事力が一定割合（標準偏差分、以下同）増すこと	36％減
（3）民主主義の程度が一定割合増すこと	33％減
（4）経済的依存関係が一定割合増加すること	43％減
（5）国際的組織加入が一定割合増加すること	24％減

貿易を進めることは（4）に該当します。経済的依存関係が増えると戦争リスクが43％減少するというのです。

このようなことを知れば、どんなに反対意見が強くても、貿易自由化は止めるべきではないことが、よくわかります。自由化は戦争を抑止する方向に働くからです。

関税率を下げるとWin-Winになるのが経済学の常識

また、2国間の自由貿易が増えると、両国に利益をもたらし、Win-Winの関係になる、ということは、経済学の中でも最も確度の高い命題でもあります。摩擦が生じることはありますが、全体として見ればWin-Winですから、経済学者で自由貿易に反対している人はいません。

もちろん、Winの大きさは違います。日米貿易でアメリカのWinのほうが大きくて、日本のWinのほうが小さいケースも、その逆も出てきます。しかし、日本がマイナスになることはありません。両者がWinになるというのは、自由貿易の定理のようなものです。

TPP交渉は関税率引き下げの交渉ですが、関税率を下げるとどうしてメリットがあるのかは、経済学の理論を知ると理解しやすくなります。

まず、関税がかかっていないシンプルなケースを考えてみます。

図6を見て下さい。横軸のQは数量、縦軸のPは価格で、Dは需要曲線、Sは供給曲線です。

図6　関税がかかっていないケース

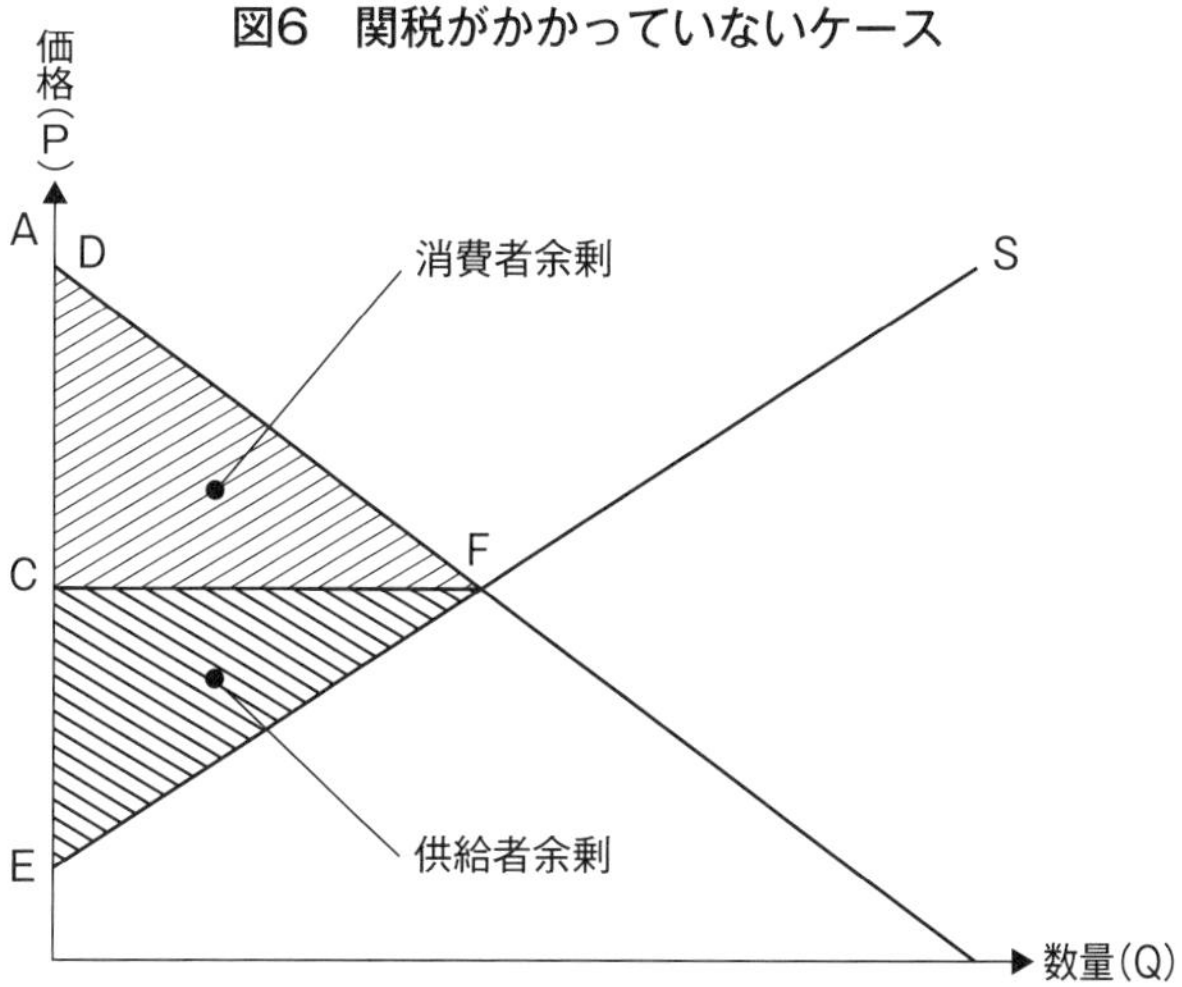

価格が下がるほど買いたい人が増えますので、需要の数量は増えていきます。需要曲線Dは右肩下がりになります。反対に、価格が上がるほど売りたい人が増えますので、供給量は増加します。供給曲線Sは、右肩上がりとなります。SとDの両者が交わった点が、取引される価格です。

仮にこの価格をCとします。消費者の中には、Cより高い価格でも買ってもいいと思っている人もいます。そういう人は、Cの価格で買うことができると「得」をします。これを「消費者余剰」といいます。図でいうと、三角形A・C・Fが消費者余剰になります。

次に供給者のことを考えてみます。供給者の中には、価格Cよりも安い値段でも売ってもいいと思っている人もいます。そういう供給者にとっては、価格Cで売ることができれば「得」をします。これを「供給者余剰」と呼びます。図では、三角形C・E・Fが供給者余剰です。

消費者余剰（三角形A・C・F）と、供給者余剰（三角形C・E・F）を足した部分が、この取引をすることによるトータルの利得です。

では、関税をかけるとどう変わるのか（図7）。図の供給曲線がSからS′の位置に移動します。関税分だけ値段が上昇しているということです。

関税がかかったケースでは、消費者余剰と供給者余剰が変化します。消費者余剰は三角形A・B・G、供給者余剰は三角形B・D・Gです。その下の平行四辺形D・E・H・Gの部分が関税です。関税は国の取り分です。

この取引によるトータルの利得は、三角形A・B・G（消費者余剰）、三角形B・D・G（供給者余剰）、平行四辺形D・E・H・G（税金）の合計です。

さて、関税がかかっていないケースと、関税がかかっているケースの、トータルの利得の

図7　関税がかかったケース

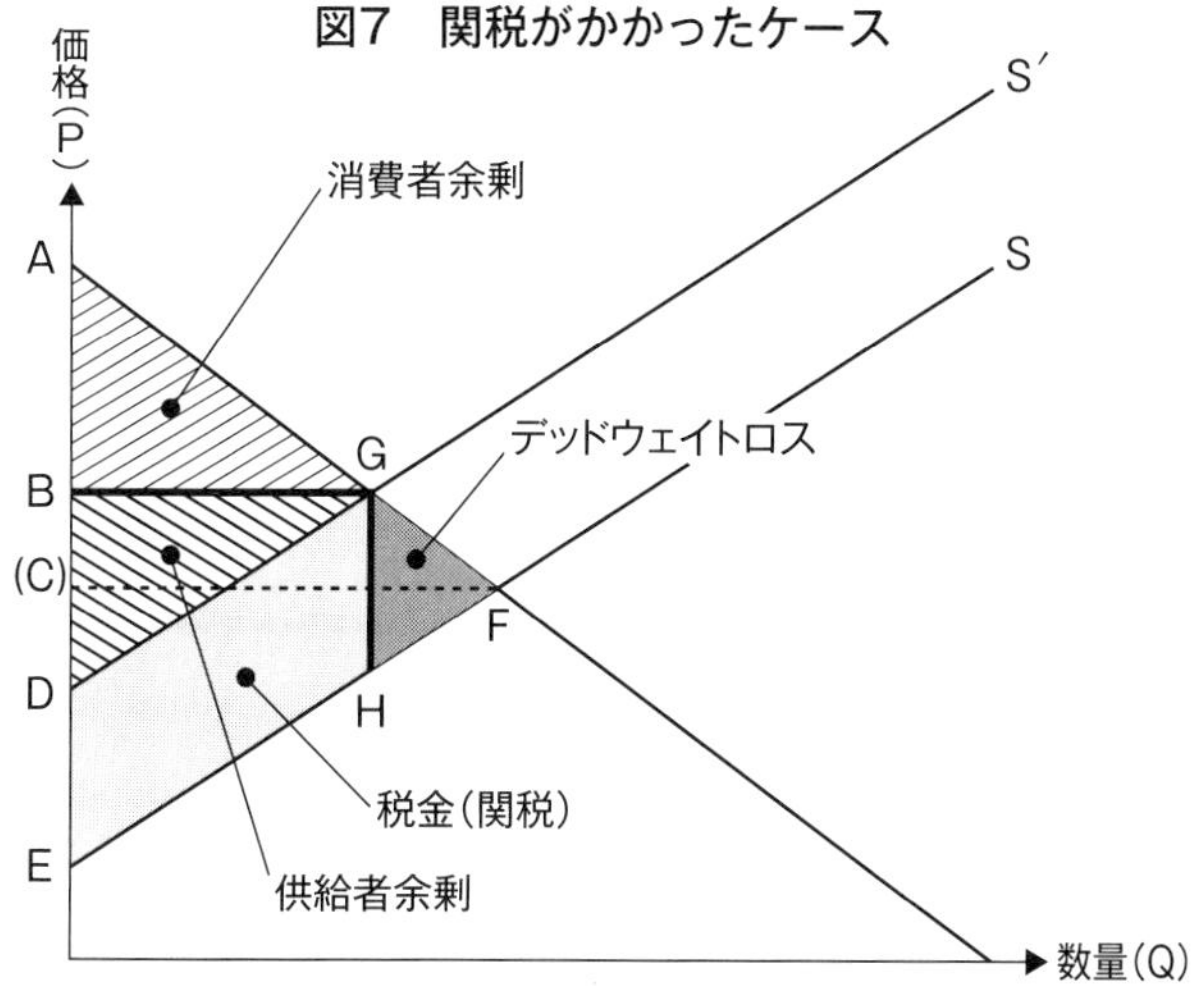

面積を比べてみて下さい。

両者を比較すると、関税がかかっているケースでは、三角形G・H・Fの部分だけ面積が小さくなっていることがわかります。

この部分を「デッドウェイトロス」といいます。国全体のトータルではロスが出るということです。「デッドウェイトロス」の部分はどうしても取り戻すことができません。関税を課すことによって絶対にカバーできないロスが生じるのです。

関税を引き下げれば、デッドウェイトロスの分を取り戻せます。誰の利益になるかはわかりませんが、全体では利益が増えます。

マクロで見ると関税引き下げが必ず得をするというのは、この理論が根拠になっています。

関税を引き下げれば、得をする人もいますし、損をする人もいます。農業従事者にとっては大きな損失が出るかもしれません。しかし、国全体で見ると、関税引き下げはデッドウェイトロスがなくなる分だけ必ず得をするのです。

個々の利害関係者が集まって「私は得をする」「私は損をする」という議論を繰り返していても、実りのある結論にはなりません。国全体のトータルで取り分を大きくしましょう、というのが関税を引き下げていく自由貿易の考え方です。

あとは、関税引き下げによって利益を失ったり、失業したりする人に対して、どう手当をするかです。全体のパイが増えるわけですから、消費者と供給者の両方から少しずつ税金をとって、困っている人に分配する方法もあります。

TPPについていえば、内閣官房は、政府統一試算としてマクロ経済効果を3・2兆円としています。おそらく内閣府は「デッドウェイトロス」の計算をしているのだと思います。そうでなければ、数値など出すことはできません。関税をかけることによって発生するデッドウェイトロスがなくなることが、TPPのマクロ経済効果です。

自由貿易の公理のようなものですから、どんな反対論者でも、この理論を論破することは無理です。

ＴＰＰで海外から安いものが入ってきてもトータルでは利益になる

自由貿易の基本を押さえていただいたうえで、ＴＰＰについて見ていきます。次々ページの図８は、前の関税のある場合の図７と基本的には同じものです。重要なので、前の図の理解を助ける意味で、あえて繰り返して説明します。

ある農産品について国内供給だけの単純なケースを考えてみます。その場合、価格はＰ１、取引数量はＱ１となります。このとき、Ｐ１より高い価格でも買おうとする消費者もいますが、Ｐ１で買えますので、そうした人には「お得」になります。それらは、三角形Ａ・Ｐ１・Ｅ１で表されます。「消費者余剰」です。

一方、生産者にしてもＰ１より低い価格で出荷してもいいという業者もいます。Ｐ１で出荷できますので、そうした人にとっては「利益」になります。それらは、三角形Ｐ１・Ｂ・Ｅ１で表されます。「生産者余剰」です。消費者余剰と生産者余剰の合計は、この農産品取引のメリットであり、三角形Ａ・Ｂ・Ｅ１で表されます。

次に、貿易制限を撤廃し、貿易自由化を行った場合を考えてみます。そうすると海外からの安い農産物の輸入が増えて、価格はＰ２まで下がり、取引数量はＱ２まで増えます。

価格低下のメリットによって、消費者余剰は、三角形Ａ・Ｐ２・Ｅ２へと増えます。貿易自由化前との差は、台形Ｐ１・Ｐ２・Ｅ２・Ｅ１です。

生産者余剰はやや複雑です。国内生産者と海外生産者の合計では、三角形Ｐ２・Ｃ・Ｅ２となります。このうち国内生産者余剰は、三角形Ｐ２・Ｂ・Ｄです。貿易自由化前と比べて台形Ｐ１・Ｐ２・Ｄ・Ｅ１だけ海外農産物の輸入に押されて縮小します。国内生産者の生産者余剰の縮小は、その生産者の所得減少になり、ＧＤＰを押し下げます。

なお、海外生産者の生産者余剰は、三角形Ｐ２・Ｃ・Ｅ２から三角形Ｐ２・Ｂ・Ｄを除いた、四角形Ｄ・Ｂ・Ｃ・Ｅ２となります。

貿易自由化によって、利益を受けるのは国内消費者と海外生産者であり、一方、打撃を受けるのは国内生産者です。現実的には、国内消費者はメリットをあまり実感できない一方で、国内生産者はデメリットを大きく実感しますので、政治問題が起こります。

しかし、国内消費者の利益額の台形Ｐ１・Ｐ２・Ｅ２・Ｅ１は、国内生産者の損失額の台形Ｐ１・Ｐ２・Ｄ・Ｅ１より必ず大きくなります。ということは、国内生産者の損失は、国

図8　貿易自由化を行ったケース

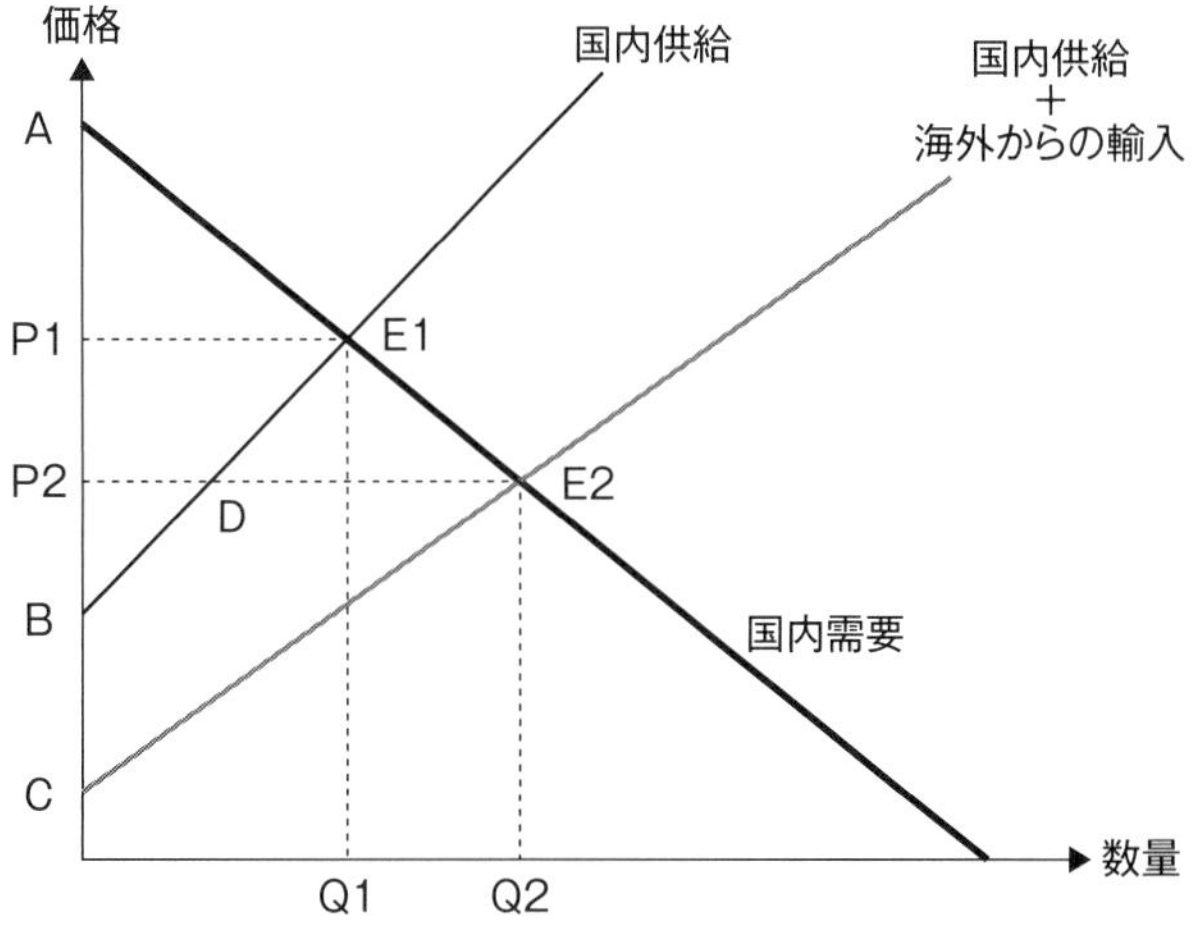

内消費者の利益額の一部で必ず穴埋めができることを意味しています。仮に全部を穴埋めしても、国内消費者は貿易自由化の前より状況は良くなります。要するに、TPPでGDPは増加するということです。

以上は国内に限った話ですが、貿易自由化は相互主義ですから、海外生産者が国内で受けた利益額の四角形D・B・C・E2に対応する利益額を日本の輸出業者も受けられる可能性があります。食の安全や環境面の考慮をすると、供給曲線などに多少の修正は必要になりますが、それでも上記の結論はそれほど大きくは変わりません。

さらに、前述した「デッドウェイトロス」の要素を加味すれば、貿易自由化を進めて関税を引き下げたほうがトータルでの利益は大きくなるのです。

国内消費者、国内生産者、それに海外生産者のすべてのメリットを合算すれば、日本にとってメリットになり、そのメリットを国内で再分配することによって、誰も損しない状況をつくることができます。

「毒素条項」は、TPP以前の貿易協定でもだいたい入っていた

TPPの反対論者の中には、日本にばかり不利なルールを押しつけられるので加盟すべきではない、という人もいます。これは、マクロ経済の話ではなく、国際間のルールの話です。おそらく、ISD条項のような毒素条項を懸念しているのだろうと思います。

ISD条項は、投資家が不利益を受けた場合に、相手国に損害賠償を求める訴えを起こすことができるという条項です。TPP交渉で初めてISD条項なる恐ろしい毒素条項が組み入れられたかのように報じられていますが、マスコミの人はおそらく過去の貿易・投資協定のことを知らないのだろうと思います。

毒素条項はこれまでの貿易・投資協定にも何度も入っていました。日本でも20件以上、毒素条項が入った貿易・投資協定が結ばれています。

それらの毒素条項をこれまで日本が行使されたことは一度もありません。毒素条項で訴えられているのは国内のルール整備が未熟な新興国です。日本はこれまでもずっと毒素条項を結んできましたが、ガードが堅いほうの国なので、訴えられたことはありません。外務省も含めて日本政府の役人はけっこう厳密にやるからです。

この毒素条項は、これでオーストラリアがアメリカからやられたと評判になったものです。しかし、実状は次の通りです。アメリカとオーストラリアの間の協定では毒素条項はありませんでした、そこで、アメリカのフィリップモリスは、香港の子会社を使って、オーストラリアを訴えたのです。もし、このように日本もやられるなら、とっくにやられているはずです。しかし、日本の法律は外国企業に対して酷い差別的な扱いをしていないので、さすがのアメリカも手出しができないのです。

どんな貿易協定にも必ずリスクはあります。ＴＰＰの運用でミスをすれば訴えられるかもしれません。しかし、これまで一度も訴えられていないのに、ＴＰＰでは訴えられるかもしれないと考えるのはあまりにも一方的な見方です。「今まではミスはなかったけど、次はミスをする」といっているようなものです。

これまでミスをしなかったのですから、次もおそらくミスはしないはずだ、と見るのが自然だろうと思います。もちろん懸念はありますが、訴えられた場合を想定して国内法制を整備し、気をつけて運用すればいいのです。

ＴＰＰには未知のものがたくさん含まれているように思われていますが、まったくの誤解です。目新しい話は入っていません。品目が変わるだけで、これまでの貿易協定で日本が経験してきたことばかりです。その経験を生かせば十分に対応できます。

そもそも、貿易取引において一番大きなウエートを占めるのは、関税でも毒素条項でもなく、為替です。１ドル＝３６０円のように圧倒的に有利な為替レートのときには、アメリカが高い関税をかけてもほとんど痛手にはなりませんでした。ＴＰＰのことを過度に心配するよりも、日本に不利な為替レートにならない政策を政府に求めることのほうがはるかに大事です。

「終身雇用は日本型の雇用制度」は大きなウソ

次に、「雇用問題」について考えてみたいと思います。

最近は雇用問題がよく話題になり、雇用法制の審議も行われています。しかし、現在の日本では、雇用に関しても間違った認識が少なくありません。

たとえば、終身雇用を「日本型雇用制度」や「日本的経営」と見るのは間違いです。戦前の状況から振り返ってみるとよくわかります。

戦前の日本には終身雇用などというものはありませんでした。労働者は月給取りどころか、大半の人は日給で働いていました。戦前は「裸の資本主義」に近い世界でしたから、終身雇用といった概念はほぼ存在しない世界でした。

終身雇用の慣行ができたのは、戦後の高度成長期のころです。「1ドル＝360円」という、とびきり有利な為替レートの恩恵もあって、日本企業は非常に大きな利益を出すことができました。人手不足状態で、人をどんどん採用しなければならない状態でした。地方から都会への集団就職もさかんで、若手労働者は「金の卵」と呼ばれていました。企業は成長を続けるには人材の囲い込みをしなければなりません。そのために生まれたのが、終身雇用です。

労働者の側も「囲い込まれたほうがいい」と思っていたので、それに応じました。終身雇用は、当時の経済環境によって自然発生的にできたものです。

決して「日本の長い歴史の中で培われたもの」などではないのです。

その後、経済環境は大きく変わりました。前提条件が変わったのですから、終身雇用が成り立ちにくくなったのは自然なことです。企業の側からすれば、これまでのように人材を囲い込める状況ではなくなります。たとえ労働者側が「囲い込まれたい」と思っていても、企業側が「もう無理です」といっているのが最近の状況でしょう。

もっと端的にいえば、終身雇用は為替レートに連動しているといっても過言ではありません。一九六〇年代は「1ドル＝360円」という有利な為替レートであったため、終身雇用が成り立ちました。しかし、一九七一年からは円高が進み、日本の輸出企業の為替の恩恵は減っていきました。プラザ合意後の一九八五年からは為替レートの恩恵はまったくなくなっていきます。そのころから、徐々に終身雇用を維持するのが難しい状況が生まれてきました。一九九〇年代には大規模なリストラ（人員削減）も行われるようになっています。

民主党政権時代（二〇〇九年九月〜二〇一二年十二月）には、実力以上の円高が放置され、「マイナスのゲタ」を履かされたような状態になり、終身雇用を維持できるような為替環境ではありませんでした。政府が円高を放置することは、終身雇用ばかりでなく、雇用そのものに対して大きな悪影響を与えるのです。

労働組合を有力な支持母体とする民主党の政権でそのような状況が生じたことは、皮肉といえば皮肉です。

終身雇用は「慣行」であって「制度」ではない

終身雇用について議論されるときに、「終身雇用制度」と呼ばれることがあります。しかし、間違えてはいけませんが、終身雇用は「制度」ではなく「慣行」です。

雇用契約書を見ていただいても、どこにも「終身雇用する」とは書いてないはずです。契約書に雇用期間が書かれていないことから、「期間の定めがない」という解釈をして、ずっと雇用契約が続くとみなしているにすぎません。

労働者側が解雇を不当として訴えた場合、裁判所がその企業の解雇について権利の濫用と認定し、解雇を無効と判決することはあります（解雇権濫用の法理）。最高裁判例をもとに解雇の要件も決まっています。しかし、あくまでもケース・バイ・ケースで判断されます。日本では法的に解雇がしにくくなっているとはいえ、解雇ができないわけではありません。終身雇用を約束されているわけではないので「約束違反だ」といっても意味のないことです。

一方で、中小企業の場合は、法律すら守らずに解雇が行われているケースも多々あります。大企業の人は「終身雇用でなくなった。不安だ」といいますが、中小企業の人から見ると、「昔と変わっていない」という印象でしょう。

労働環境は、企業ごとに異なるものなので、政府が一律に決めるわけにはいかない領域です。政府は最低限の労働者の権利を保護して、あとは「労使ともにいい関係をつくって下さい」というしかありません。終身雇用するかどうかは、あくまでも企業が決めることであって、それぞれの企業の「慣行」なのです。

雇用慣行は政府が口出しすべきでない分野の1つ

一方、社会の多様化もあって、労働者の側からしても、必ずしも「囲い込まれる」ことが得策ではなくなりつつあります。

私のような大学の教員の場合は、多くの人が有期雇用の契約です。手に職を持っているようなものなので、有期でも気にしていない人はたくさんいます。期限が来れば、契約を更新することもできますし、別の大学に移ることもできます。

世の中には有期雇用のほうが都合がいい人もいます。「今の会社はもう辞めたい」と思っている人には有期雇用は悪い話ではありません。期間の満了を迎えれば自動的に辞めることができます。

新しい仕事にチャレンジしたい人にとっても有期雇用は好都合です。無期限の契約だと、退職願を出して辞めさせてもらわなければいけませんが、有期であれば堂々と次の仕事に移ることができます。会社から引き留められて辞めにくい場合もありますので、有期のほうが気が楽な人もいるでしょう。

要するに、個人の価値観によって有期が良いのか、無期限が良いのかは違ってきます。政府が一律に決められるような問題ではありません。

私は、雇用慣行とは経済活動の結果として起こる「自然現象」だと見ています。いわば、仕事の性質や業績に付随する副産物です。業績が好調でゆとりのある会社では、労働者にとって有利な慣行がつくられるでしょう。終身雇用型慣行になるかもしれません。あるいは終身雇用とは別の労働者が魅力を感じる慣行になるかもしれません。人材囲い込みのために企業は知恵を絞るはずです。

「終身雇用をしなくなったから、日本の企業は成長できなくなった」と主張する人もいますが、本質的な原因と結果を見誤っています。終身雇用によって日本企業が成功したわけではなく、高度成長期の日本企業が成功した結果の「副産物」が終身雇用なのです。しかも、それはあくまで高度成長期の「副産物」であって、現在の日本企業が成功した場合の副産物が同じものである保証など、どこにもありません。

政府の仕事は個々の企業の雇用慣行に口出しすることではなく、経済全体を成長させて、より多くの企業が儲かるようにすることです。ミクロのことは企業に任せて、マクロ経済をより良くしていくのが政府の役割です。

雇用慣行を「べき論」で語っても意味がありません。企業が儲かるようになれば、自然に素晴らしい雇用慣行になっていきます。

「普通にやっていればうまくいく経済環境」をつくり出すために

間違いなくいえることがあります。それは、ひと言でいうなら、「『失業者を最少化すること』こそが、マクロ経済政策の目的だ」ということです。

失業者が減っているのなら、その経済政策はおおむね正しい政策といえます。しかし、失業者が増えているのなら、経済政策としてはどこかに不備があります。

私がいつも考えているのは、「全体のパイを増やすこと」です。経済成長と言い換えてもいいのですが、経済成長して全体のパイが増えれば、分配できる物が多くなります。パイが小さくなると、取り分をめぐって争いごとが絶えなくなります。パイを大きくしてみんなで分け合うことが一番いいのです。パイが大きくなれば失業者も減ります。

「試験の合格ラインを下げる」という言い方もできると思います。合格ラインが高いと、ものすごく能力の高い企業しか合格できなくなります。不合格になる企業が多いということは、失業者が増えることを意味します。

合格ラインを下げることができれば、普通の企業でも合格できます。それに伴って失業者も減っていきます。

合格ラインを高くして、みんなの尻を叩いて必死に競争させなくても、合格ラインを下げてあげれば合格者は増えていきます。少数精鋭にする必要などないのです。少数精鋭主義に固執すると、落第生が多くなってあとの手当てが大変です。

マクロ経済の話に戻すと、為替レートを考えてもらうとわかりやすいでしょう。

民主党政権時代のように「1ドル＝80円」を放置していると、ものすごく能力の高い輸出企業でない限り赤字になってしまいます。実際、日本を代表する企業が赤字に陥っていました。

しかし、「1ドル＝120円」であれば、超一流企業でなくても、多くの輸出企業が利益を出せます。こういう状態のほうが、みんなが恩恵を受けられます。

固定相場制のときのように「1ドル＝360円」なら、普通に仕事をしているだけでも儲かってしまったでしょう。

マクロ経済政策というのは、「普通にやっていればうまくいく経済環境」をつくり出すためのものです。本書では戦後の経済史を見てきましたが、戦後経済史を振り返ると、経済環境に最も大きな影響を与えていたのは為替レートだったということがわかります。

多くの人は、為替レートは天から降ってくるようなものと思っているようですが、実際のところ、為替レートは金融政策で決まります。つまり、人間の意図で決まるものです。人間の意図で決まるのであれば、それをきちんと利用してマクロ経済政策を打つべきです。

かつて小泉首相は「痛みに耐えて」と国民に訴えかけました。たしかに、小泉改革で痛みを受けた人もいると思いますが、失業者数は減らしています。失業者が減ったということは、小泉改革の大きな成果です。

二〇一二年からのアベノミクスも失業者数を減らしています。アベノミクスに批判的であっても、失業者の減少に大々的に異を唱える人はいないでしょう。

小泉政権時代の為替レートは、おおむね1ドル＝120円程度です。安倍政権の為替レートも、超円高を是正して1ドル＝120円程度に戻しています。どちらも為替をきちんとコントロールしていることが、失業者数の低下につながっています。

最後に、為替に関する最近のエピソードを挙げておきます。

パソコン自作を趣味とする私は、秋葉原を巡ってメモリーを購入します。円高になるとメモリー価格はすぐ低下します。メモリーモジュールは、サムスン（韓国）、ハイニックス（韓国）、エルピーダ（日本）、マイクロン（米国）がほとんどです。

エルピーダメモリは、二〇一二年二月二十七日、会社更正法の適用を東京地方裁判所に申請しました。同社は、二〇〇九年六月、産活法（産業活力の再生及び産業活動の革新に関する特別措置法）の適用を受け、公的資金３００億円、政府保証融資１００億円を受けていました。秋葉原には、国産メモリーとして応援していた店もありました。

倒産後の記者会見でも坂本幸雄社長の発言は当事者の苦悩を表していました。「為替については、リーマンショック前と今とを比べると、韓国のウォンとは70％もの差がある。70％の差は、テクノロジーで2世代先に行かないとペイしない。為替が、完全に競争力を失わせている。70％の差はいかんともしがたい。それを除けば、エルピーダのＤＲＡＭの損益は圧倒的にいい。為替変動の大きさは、企業の努力ではカバーしきれないほどだ」。

何とも痛々しい話です。メモリーは汎用品であまり製品差別化をできませんが、エルピーダのものは品質が良く、パソコン自作につきものの相性問題が少ないといわれていました。

それでも、そんな技術力の差は、為替が吹っ飛ばすということです。

本書に書いたように、高度成長期の原動力も為替でありました。一九八五年九月のプラザ合意以前は実際の為替レートは大幅な円安です。日本の技術水準は高かったが、それを生かすも殺すも為替レートであり、価格競争力がなければ、技術をアッピールすることもできなくなります。

半導体について、日本は意味のない官製再生を行いましたが、市場経済のわからない官僚に企業再生は無理な相談です。官僚の違法なインサイダー取引もありました。公的資金も280億円は返ってきません。

その一方、カネを刷れば円安にできるのに、円高を放置した日銀の責任は大きいのです。このエピソードは、日本を代表する電機メーカーや自動車産業などでも共通している政策の失敗例です。

マクロ経済政策においては「失業者を減らすこと」が一番重要な目的です。そのほかのミクロのことに関しては、政府は民間の邪魔をせず、余計なことはしないで、民間の人に知恵を絞ってもらえばいいのです。

日本の経済の歩みをきちんと読み解けば、そういう教訓も間違いなく見出せます。何が

「間違った常識」で、何が「物事を正しく見る眼」なのか、ぜひ歴史から汲み取っていただきたいと思います。

PHP新書

PHP INTERFACE
https://www.php.co.jp/

髙橋洋一［たかはし・よういち］

株式会社政策工房代表取締役会長、嘉悦大学教授。1955年、東京都生まれ。都立小石川高等学校（現・都立小石川中等教育学校）を経て、東京大学理学部数学科・経済学部経済学科卒業。博士（政策研究）。1980年に大蔵省（現・財務省）入省。大蔵省理財局資金企画室長、プリンストン大学客員研究員、内閣府参事官（経済財政諮問会議特命室）、内閣参事官（首相官邸）等を歴任。小泉内閣・第一次安倍内閣ではブレーンとして活躍。2008年、『さらば財務省!』（講談社）で第17回山本七平賞受賞。
近著に、『経済のしくみがわかる「数学の話」』『アベノミクスの逆襲』（以上、PHP研究所）、『日本郵政という大罪』（ビジネス社）、『図解地政学入門』『バカな外交論』『バカな経済論』（以上、あさ出版）など多数。

戦後経済史は嘘ばかり

（PHP新書1027）

日本の未来を読み解く正しい視点

二〇一六年 一月二十九日 第一版第一刷
二〇二一年十一月 十五日 第一版第六刷

著者――髙橋洋一
発行者――永田貴之
発行所――株式会社PHP研究所
東京本部――〒135-8137 江東区豊洲5-6-52
ビジネス・教養出版部 ☎03-3520-9615（編集）
普及部 ☎03-3520-9630（販売）
京都本部――〒601-8411 京都市南区西九条北ノ内町11
組版――有限会社メディアネット
装幀者――芦澤泰偉＋児崎雅淑
印刷所
製本所――図書印刷株式会社

ISBN978-4-569-82792-6

ＰＨＰ新書刊行にあたって

「繁栄を通じて平和と幸福を」(PEACE and HAPPINESS through PROSPERITY)の願いのもと、ＰＨＰ研究所が創設されて今年で五十周年を迎えます。その歩みは、日本人が先の戦争を乗り越え、並々ならぬ努力を続けて、今日の繁栄を築き上げてきた軌跡に重なります。

しかし、平和で豊かな生活を手にした現在、多くの日本人は、自分が何のために生きているのか、どのように生きていきたいのかを、見失いつつあるように思われます。そして、その間にも、日本国内や世界のみならず地球規模での大きな変化が日々生起し、解決すべき問題となって私たちのもとに押し寄せてきます。

このような時代に人生の確かな価値を見出し、生きる喜びに満ちあふれた社会を実現するために、いま何が求められているのでしょうか。それは、先達が培ってきた知恵を紡ぎ直すこと、その上で自分たち一人一人がおかれた現実と進むべき未来について丹念に考えていくこと以外にはありません。

その営みは、単なる知識に終わらない深い思索へ、そしてよく生きるための哲学への旅でもあります。弊所が創設五十周年を迎えましたのを機に、ＰＨＰ新書を創刊し、この新たな旅を読者と共に歩んでいきたいと思っています。多くの読者の共感と支援を心よりお願いいたします。

一九九六年十月

ＰＨＰ研究所